1893

LES

ARTISTES CÉLÈBRES

COLLECTION PLACÉE PAR AUTORISATION MINISTÉRIELLE
DU 15 JUILLET 1892
SOUS LE HAUT PATRONAGE DU MINISTÈRE
DE L'INSTRUCTION PUBLIQUE ET DES BEAUX-ARTS

bleu

LES

BOULLE

PAR

HENRY HAVARD

OUVRAGE ACCOMPAGNÉ DE 39 GRAVURES DANS LE TEXTE
ET DE
1 GRAVURE HORS TEXTE TIRÉE EN SANGUINE

PARIS
LIBRAIRIE DE L'ART
L. ALLISON & Cie
8, Boulevard des Capucines, 8

PROJET D'ARMOIRE, COMPOSÉ PAR BOULLE.

(Fac-similé d'un dessin à la plume, rehaussé d'encre de Chine, conservé au Musée du Louvre.)

LES

ARTISTES CÉLÈBRES

COLLECTION PLACÉE PAR AUTORISATION MINISTÉRIELLE
DU 15 JUILLET 1892
SOUS LE HAUT PATRONAGE DU MINISTÈRE DE L'INSTRUCTION PUBLIQUE
ET DES BEAUX-ARTS

LES

BOULLE

PAR

HENRY HAVARD

PARIS
LIBRAIRIE DE L'ART
L. ALLISON ET Cie
8, BOULEVARD DES CAPUCINES, 8

A Madame
Jeanne Gille
(née Victor Massé)
à Paris

Madame,

L'homme justement célèbre, dont j'essaye de retracer l'exacte biographie, n'était pas seulement un ébéniste de génie, un peintre habile, un sculpteur éminent. Il fut aussi — et ce n'est pas là sa moindre originalité — un amateur éclairé, un parfait appréciateur de belles choses.

J'ai pensé qu'ayant ces mêmes goûts, vous ne manqueriez pas de vous intéresser à l'histoire de ce pauvre grand homme, et c'est ce qui m'a donné la hardiesse de vous dédier ce petit livre, que je vous prie de recevoir — malgré son peu de mérite — comme un témoignage de ma sincère et très respectueuse amitié.

HENRY HAVARD.

Décembre 1892.

LES BOULLE

CHAPITRE PREMIER

PANNEAU DE CABINET EN MARQUETERIE DE BOULLE.

Si l'on devait mesurer le bonheur de chaque artiste à la part de réputation qu'il sut acquérir de son vivant, et à la notoriété conservée par son nom au delà du tombeau, André-Charles Boulle, dont nous allons essayer d'analyser le talent et de retracer la biographie, pourrait être regardé, avec raison, comme un des privilégiés du sort. Non seulement ses aptitudes naturelles, l'éducation exceptionnelle qu'il reçut et son génie tout spécial le désignèrent à l'attention, à l'estime de ses contemporains, et lui valurent, dès ses débuts, une situation très en vue et qu'aucun autre ébéniste n'avait possédée avant lui; mais il eut encore cette bonne fortune de donner son nom à un genre de meubles d'une richesse et d'une somptuosité singulières, et d'assurer ainsi à ce nom une célébrité et une popularité que bien peu d'artistes peuvent se flatter d'acquérir.

Il est permis d'affirmer, en effet, que les ouvrages de Boulle sont connus du monde entier. Depuis deux cents ans ils jouissent d'un renom universel. Un grand nombre d'entre eux figurent avec honneur dans les musées et dans les plus grandes collections de l'ancien et du nouveau monde. Ceux qui passent dans les ventes publiques atteignent des prix invraisemblables[1]. Une quantité d'amateurs se piquent d'en posséder chez eux, et quoique ces meubles, produits le plus souvent par l'industrie moderne, ne constituent pour la plupart que de grossières et maladroites copies des œuvres laissées par le grand artiste, encore faut-il constater que le nom de « Meuble de Boulle » n'a pas cessé, dans le public, d'être synonyme de magnificence, de richesse et de somptuosité. Enfin, tout récemment, le nom de notre artiste a été désigné pour servir de titre à une école municipale, et pour prendre place sur la façade de la Bourse du Travail, parmi ceux des artisans qui honorent le plus Paris et la France.

Un pareil succès, une réputation aussi persistante, alors même qu'ils paraissent amplement justifiés, sont des faits tellement rares, que l'historien est tout naturellement conduit à en rechercher les causes; et celles-ci, dans le cas actuel, ne laissent pas que d'apparaître assez nombreuses et assez variées, pour démontrer qu'André-Charles Boulle ne doit pas cette fortune singulière uniquement à ses mérites personnels, mais qu'il la faut attribuer aussi à un certain nombre de circonstances particulières, au milieu desquelles son génie, si bien doué, put se développer et produire ses belles œuvres. De sorte qu'on est en droit de prétendre que, venu au monde un siècle plus tard, ou cinquante ans plus tôt, André Charles Boulle eût été certainement un artiste d'un rare mérite, mais n'aurait pas assuré à son nom cette notoriété extraordinaire, qui fait de lui un personnage absolument à part dans l'histoire de l'ameublement français.

De ces circonstances, la plus frappante réside assurément dans le rapport intime, dans la concordance parfaite qui existent entre la beauté

1. Les exemples abondent, mais il n'en est pas de plus éloquent que l'adjudication des deux grandes armoires d'André-Charles Boulle, au prix de 12,075 livres sterling (soit fr. 301,875), à Londres, chez Christie, le mardi 27 juin 1882, lors de la vente des collections du duc de Hamilton.

fastueuse des meubles créés par notre artiste, et le majestueux apparat de l'époque où il vécut. Entre ce qu'on sait de la Cour de Versailles et les meubles de Boulle, il y a en effet une corrélation absolue; ceux-ci sont la parure naturelle de celle-là, et les chefs-d'œuvre enfantés par le grand artiste sont restés l'expression mobilière la plus complète de la somptuosité de Louis XIV.

Une autre circonstance qui favorisa singulièrement la carrière d'André-Charles Boulle, c'est qu'au moment où ce grand ébéniste débuta

COFFRE-COMMODE EN MARQUETERIE DE BOULLE.
(D'après un dessin de Bérain.)

dans la carrière, il s'opéra dans l'ameublement français une des trois évolutions principales qui marquent son histoire. La période que nous pouvons qualifier de moderne commençait à se manifester par une transformation radicale dans l'ornementation des meubles à panneaux. Ceux-ci, après avoir longtemps emprunté une partie de leur parure à des éléments étrangers, allaient désormais la trouver tout entière en eux-mêmes. Mais c'est là un sujet peu connu. Nous demandons, en conséquence, la permission d'entrer à ce propos dans quelques développements, — préambule nécessaire à la biographie de Boulle et à l'étude de ses ouvrages, — qui permettront de mieux saisir l'importance du rôle joué par cet illustre artiste dans la transformation de notre mobilier national.

CHAPITRE II

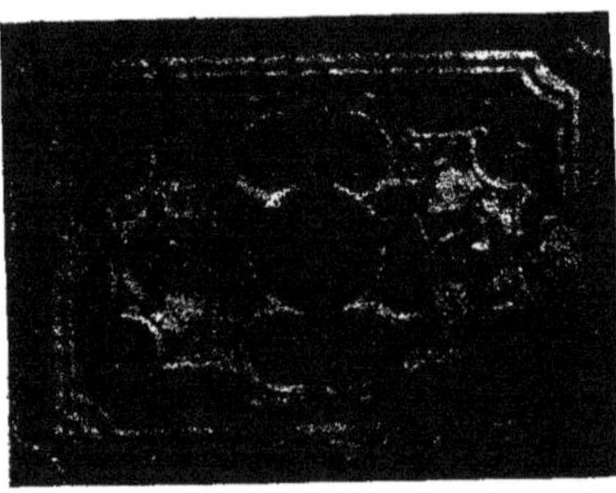

DESSUS DE PETITE TABLE EN MARQUETERIE DE BOULLE.

Les meubles français les plus anciens qui soient parvenus jusqu'à nous sont, comme construction, d'une simplicité et d'une grossièreté singulières. Ils consistent presque exclusivement en coffres ou en armoires, faits de planches assemblées carrément à l'aide de chevilles, dont on n'a pas même pris la peine de dissimuler l'intervention opportune.

Les assemblages sont, en outre, des plus primitifs et insuffisants pour assurer la solidité de l'ouvrage, aussi ces meubles sont-ils, le plus souvent, consolidés avec des fausses pentures de fer très ouvragées, s'étendant sur leurs diverses faces et empêchant leurs parois de se disjoindre. Parfois, cette consolidation est intérieure et alors, pour cacher ce qu'une construction aussi sommaire a de grossier et d'imparfait, on recouvrait ces meubles de peintures.

L'armoire de la cathédrale de Noyon est un exemple fort curieux et très frappant de ce genre de travail rudimentaire, peu fait assurément pour donner une haute opinion de la menuiserie française antérieure au XIVe siècle. Cette armoire, en forme d'édicule, possède un toit, une fausse lucarne et des arêtiers ajourés. Les vantaux montés sur des pentures de

PROJET DE CORBEILLE DE MARIAGE COMPOSÉ PAR BOULLE.
Fac-similé d'un dessin à la sanguine conservé au Musée du Louvre.

fer étamé se brisent et se replient sur eux-mêmes, et le peintre, qui, sans doute, se méfiait de la sécheresse du bois employé par le charpentier, a marouflé sur le corps du meuble une toile assez forte sur laquelle il a exécuté sa peinture. Cette façon de procéder était, au surplus, généralement usitée à cette époque. On trouve, dès le XIIIe siècle, la description de ce genre de décoration, consignée dans des manuels spéciaux[1] et, si l'armoire de Noyon est un des très rares spécimens de meubles peints qui soient parvenus jusqu'à nous, des commandes assez nombreuses de coffres de même sorte, ornés également de peintures, commandes que l'on rencontre dans les vieux *Comptes*, prouvent que l'emploi de cette ornementation colorée est demeuré en usage jusqu'au xve siècle et même au delà[2].

Cependant, dès la fin du xive siècle, une première révolution s'était opérée dans la structure des gros meubles. Prenant modèle sur l'architecture, s'inspirant des principes si logiques de la construction ogivale, la menuiserie allait limiter à un nombre de membres spécialement choisis, le soin d'assurer la solidité de ses ouvrages, et substituer à ce décor coloré, tiré de moyens accessoires, une ornementation plus rationnelle prenant naissance dans l'ossature même du meuble, et dérivant de la matière dont il est fabriqué.

C'est à cette époque, en effet, qu'il faut faire remonter la substitution aux parois massives et brutalement assemblées, des bâtis formant cadres et dans lesquels les panneaux se trouvent simplement embrevés. Ainsi, le meuble, à l'instar de l'édifice, au lieu d'offrir partout des parois d'égale épaisseur sur lesquelles l'effort se trouvait également réparti, présenta désormais une membrure, une ossature logiquement reliée, chargée d'assurer la solidité de l'ouvrage, et des parties de remplissage ayant la mission de boucher les vides et de parfaire la clôture de l'armoire ou du coffre.

Ajoutons que cette disposition nouvelle n'eut pas seulement pour effet de rendre les meubles plus solides; elle augmenta singulièrement leur élégance. La diversité des plans, résultant forcément de cette manière de construire, amena progressivement le menuisier à chercher les éléments de sa décoration, non plus dans une ornementation

1. Notamment dans la *Diversarum artium schedula* du moine Théophile. Nombre d'autres meubles du même genre étaient peints directement sur le bois. L'armoire de Bayeux est ainsi décorée.

2. C'est au rôle particulièrement important qui revenait à la couleur dans la décoration des meubles de luxe, qu'il faut attribuer le grand nombre de fournitures de ce genre, effectuées par des peintres du Moyen-Age aux rois de France et aux princes de leur Cour. Après en avoir donné le dessin au huchier, le peintre reprenait le meuble exécuté d'après ce dessin, le peignait, le dorait et finalement le livrait à celui qui lui en avait fait la commande.

COMMODE EN MARQUETERIE DE BOULLE, ENRICHIE DE BRONZES DORÉS.

(Bibliothèque Mazarine.)

surajoutée, mais dans l'harmonie des lignes imposées par la construction même. Le meuble trouva dès lors le plus clair de sa beauté dans la sveltesse des formes de sa charpente, dans la pureté de ses contours, complétés et soulignés par tout un système d'ornements faisant corps avec lui.

La division logique du meuble en cadres assemblés à tenons et mortaises et en panneaux embrevés dans ces cadres, conduisit tout naturellement le constructeur à décorer ses encadrements de moulures à la fois fines et riches, et ses panneaux de sculptures en bas-relief, représentant soit des personnages, soit des « orbevoies » rappelant les admirables fenêtres lobées des monuments religieux, soit des feuilles de parchemin repliées. Le Moyen-Age fit un fréquent usage de ce dernier décor qui, au xvie siècle, fut remplacé par des arabesques ou des grotesques, et finit par aboutir à des représentations historiques, emblématiques ou mythologiques, mettant en scène des hommes et des animaux, au milieu de paysages et d'architectures classiques.

On ne renonça pas toutefois immédiatement à la peinture. Celle-ci persista encore pendant plus d'un siècle pour la joie des yeux; et tels de ces coffres, de ces dressoirs du xve et même du xvie siècle, que nous voyons aujourd'hui monochromes et qui nous charment par la correction de leur architecture et par la grâce de leurs sculptures, ajoutaient, dans leur jeunesse, à la beauté de cette parure, l'éclat du vermillon, de l'azur et de l'or. C'est au xvie siècle seulement que la couleur disparut progressivement des meubles, mais les yeux y étaient alors si fort habitués, ils éprouvaient un besoin si pressant d'être égayés par les nuances vives que, pendant longtemps, on prit soin d'habiller les bois de tissus précieux.

Le cendal, le damas, les satins brodés, les veluiaux de provenance italienne ou orientale enveloppèrent les quenouilles du lit, en drapèrent le dossier et le soubassement, couvrirent la chaise, enserrant ses pieds et ses bras, dissimulèrent la table sous leurs plis étoffés, et sous forme de tapis ou de nappe de buffet, de coffre, de dressoir, cachèrent les gros meubles et en masquèrent les teintes un peu sombres, que la magnificence débordante de ce temps jugeait alors trop austères.

Les *Inventaires* du xvie siècle, ceux de Catherine de Médicis, de Gabrielle d'Estrées, de Louise de Vaudemont, notamment, détaillent l'invraisemblable profusion de housses et de fourreaux de toute espèce qui servaient de garde-robe — qu'on nous permette ce mot — au mobilier d'alors; les *Inventaires* du cardinal de Mazarin si curieux et si instructifs, les admirables vignettes d'Abraham Bosse et les belles gravures de Jeaurat, d'après Le Brun, montrent que cet usage persista très avant dans le XVIIe siècle, jusqu'au temps où Boulle commença de se faire connaître.

C'est à cette époque, en effet, qu'acheva de s'opérer la seconde révolution dont nous parlons un peu plus haut. Pour répondre à ce besoin de magnificence qui devenait de plus en plus général, on s'avisa de réunir ce qui avait été séparé jusque-là, et l'on s'appliqua à faire les meubles si brillants et si magnifiques, qu'ils n'eurent désormais plus besoin d'emprunter à des housses de tissus brochés ou brodés leur éclat et leur richesse. Mais, par une coïncidence singulière, ce qu'ils gagnèrent en somptuosité, ces meubles le perdirent en agrément et en élégance. Leur construction logique cessa d'être visible. Une charpente, une ossature savamment assemblée continua d'assurer leur solidité, mais cette charpente ne fournit plus le point de départ, les premiers éléments de la décoration. Celle-ci devint indépendante, sinon de la forme générale du meuble, du moins de ses divisions caractéristiques.

Pour faciliter le développement de ce beau décor si riche, si magnifique, le meuble, en effet, ne présenta plus que des surfaces planes et unies. On renonça aux saillies si rationnelles des encadrements. L'ornementation, dont le rôle devrait être d'accompagner la forme et non de se substituer à elle, commença d'établir sa complète domination. Les bas d'armoires, avec portes dissimulées, ressemblèrent à des coffres pleins et sans ouvertures. On fit des commodes en manière de tombeaux; et cette tendance alla en s'aggravant jusqu'au jour où, sous la pression de la mode, les formes finirent par se boursoufler et par se gondoler d'une façon charmante, il est vrai, mais singulièrement illogique.

Ainsi, sous l'empire de ces préoccupations de somptuosité, une nouvelle transformation s'était produite dans notre ameublement national. La magnificence, dont l'excès dans les arts est toujours dangereux, avait écarté la logique et l'avait reléguée à l'arrière-plan; les ouvrages d'ébénisterie, en perdant leur caractère rationnel, perdirent aussi leur caractère pratique ; et c'est là ce qui fait de l'œuvre de Boulle un œuvre incomplet. Le mobilier auquel il a légué son nom demeure uniquement un mobilier d'apparat. Il porte en soi une solennité et une richesse exclusives de toute intimité, et l'éclat même de sa décoration interdit la possibilité, aussi bien que la pensée, de faire de ses meubles un journalier et constant usage.

DESSUS DE GUÉRIDON EN MARQUETERIE DE BOULLE.

CHAPITRE III

DESSUS DE GUÉRIDON EN MARQUETERIE DE BOULLE.

Cette revue rapide des transformations successives subies par notre mobilier était en quelque sorte indispensable, pour se rendre un compte exact du rôle qu'André-Charles Boulle a joué dans notre ébénisterie.

Il importait, en effet, de pouvoir assigner à ce grand artiste la part exacte qui lui revient dans la superbe éclosion de cet art qu'il allait amener à son point de perfection, et de faire comprendre comment cette évolution allait assurer à ce créateur d'un style nouveau une immortalité relative. Nous aurons occasion, au reste, de revenir sur ce point délicat au moment où nous étudierons les procédés mis en œuvre par l'éminent ébéniste. Pour l'instant, nous nous occuperons de lui-même.

On sait qu'André-Charles Boulle naquit à Paris en 1642. Par contre, on ne connaît rien de très précis sur ses ascendants directs, si ce n'est toutefois que son père était lui-même un ébéniste distingué. C'est ce que le père Orlandi avait pris soin d'apprendre au public, dès l'année 1719, dans l'article de son *Abecedario pittorico* qu'il consacre à Boulle, encore vivant à l'époque où parut son ouvrage. « André-Charles Boulle, né à Paris le 11 novembre 1642, écrit-il, reçut de la nature toutes les dispositions nécessaires pour les Beaux-Arts et pour n'importe quelle profession qu'il lui eût plu de choisir. Les goûts de cet excellent artiste l'eussent porté à s'adonner à la peinture, si son père, artisan ébéniste, ne l'avait astreint à suivre son métier qu'il devait dans la suite illustrer et dans lequel il devait arriver par le dessin et le goût à une perfection supérieure et ignorée jusqu'alors et par son père et par tous ceux qui l'avaient précédé [1] ».

Malheureusement le père Orlandi omet de nous donner de plus amples détails sur ce père si bien inspiré et de nous fournir sur lui des renseignements biographiques, qu'il lui eût été bien facile d'obtenir. Cette lacune regrettable, un certain nombre d'érudits ont essayé de la combler, et au premier rang de ces érudits il faut placer MM. Asselineau, Jal et Read, qui ont droit tous trois à une mention spéciale [2].

Au commencement du XVIIe siècle, il existait à Paris une famille Boulle. Cette famille était protestante. Cette particularité suffit à expliquer la ténacité avec laquelle M. Read, le savant fondateur de la *Société de l'histoire du protestantisme français*, s'est appliqué à rechercher ses antécédents, et ce serait manquer à notre devoir que de ne pas résumer ici les découvertes qu'il a faites.

Les actes retrouvés par M. Read nous apprennent tout d'abord que, dès 1619, un certain Pierre Boulle était logé aux Galeries du Louvre avec le titre d'Ébéniste du roi, et comptait au nombre de ces *artisans célèbres* auxquels Sa Majesté Très Chrétienne donnait dans son palais

1. « Andrea Carlo Boulle, nato à Parigi il di 11 novembre 1642, portò dalla natura tutte quelle disposizione che sono necessarie per le belle arti et per qualunque professione, che si fusse fatta elettiva. La propensione di questo grande soggetto l'inclinava alla pittura, se suo padre, artifice ebanista, non l'avesse impiegato a seguire l'arte sua, che poi l'illuminò, et l'aiuto nel disegno, nel gusto, ed in una perfezione superiore e non cognita al padre ne ad alcun' altro avanti di se. »

2. On doit à M Ch. Asselineau une notice fort intéressante sur Boulle, qui, au mérite de fournir des renseignements inédits, joignait celui de se produire à une époque où la biographie du grand artiste était encore complètement inconnue. Cette notice, imprimée d'abord dans *le Monde littéraire* du 20 mars 1853, fut publiée sous forme de plaquette à Alençon. Tirée à un très petit nombre d'exemplaires, elle est devenue d'une extrême rareté. Quant à Jal, qui le premier a découvert et publié les pièces établissant l'état-civil de Boulle, il a consigné ses découvertes dans son excellent *Dictionnaire* qu'on ne saurait trop consulter.

même une rés nce privilégiée. Nous savons, en outre, par divers documents, que le logement occupé par cet ébéniste portait le n° 1 [1]. Ce Pierre Boulle était marié à Marie Bahuche, sœur de Marguerite Bahuche, veuve du fameux Jacques ou Jacob Bunel, premier peintre de Henri IV, et peintre elle-même. Cette parenté peut expliquer comment Pierre Boulle et sa femme occupèrent au Louvre le logement qui, avant eux, avait été attribué à Marguerite Bahuche. Cette dernière et sa sœur ont passé longtemps pour être originaires de Blois. On a supposé, assez bénévolement, que Pierre Boulle pouvait bien être leur compatriote, et qu'il se rattachait par conséquent — au moins par les traditions — aux ébénistes justement renommés de cette ville, lesquels, au XVIe siècle, avaient joué leur rôle dans le grand mouvement d'art imprimé par la présence de la Cour aux vieilles cités de la Loire [2]. Mais cette supposition a été réduite à néant par la production récente du contrat de mariage de notre artiste [3]. Or, ce contrat, passé devant Me Pierre Begulle, « notaire, tabellion royal » à Lyon, établit que Pierre Boulle était fils de « deffunct David

GAINE
du temps de Louis XIV, en marqueterie de Boulle.
(Ancienne collection Charles Stein.)

1. Ce premier logement avait été occupé, en 1608, époque de sa création, par Jacob Bunel, en 1614 par Marguerite Bahuche et Robert Picou. En 1619 il fut attribué à Pierre Boulle, beau-frère de Marguerite Bahuche, et à sa femme. En 1636, il fut concédé à Th. Picquot et F. Duclos, et plus tard au concierge de l'appartement de la Reine. (Voir *Archives de l'Art français,* 1re série, t. I. p. 201, et *Nouvelles Archives*, année 1873, p. 128.)

2. Parmi les ébénistes fameux nés à Blois et qui illustrent le XVIIe siècle, il convient de citer Jean Macé dont Bernier parle avec tant d'éloges dans son *Histoire de Blois* et sur lequel nous aurons occasion de dire quelques mots.

3. Voir *l'Ébéniste Boulle et l'origine de sa famille*, lecture faite par M. Henri Stein à la quatorzième session des *Sociétés des Beaux-Arts des Départements* (1890).

Boulle, en son vivant habitant et bourgeois du lieu de Verrière, au comté de Neufchatel en Suisse », et que Marie Bahuche était fille « de honorable homme Pierre Bahuche, marchant demeurant en la ville de Lyon ». Ainsi ce premier Boulle était Suisse de naissance; quant à l'origine de sa famille, si l'on s'en tient à la consonance du nom, Boulle pourrait être la forme française du flamand *Boel* qui se prononce exactement de même, et qui se rencontre fréquemment, comme nom de famille, dans la Flandre et les Pays-Bas. Or, on sait que ces provinces furent, avec la vallée du Rhin, la patrie d'origine de la marqueterie et de l'ébénisterie françaises. Stabre (Staber), installé au Louvre dès 1608 comme ébéniste du roi, était Flamand, et Jean Macé, lui-même, était allé dans les Pays-Bas se perfectionner et achever d'acquérir le talent qui devait le rendre célèbre.

Pierre Boulle, en bon calviniste qu'il était, eut un nombre respectable d'enfants. Tout d'abord, un fils qui fut baptisé le 14 janvier 1618, et reçut le prénom de *Jacques;* en second lieu — 13 octobre 1619 — il fit baptiser une fille qui eut pour parrains le sieur Caillard, orfèvre, et la dame Corneille de Wolf, logés l'un et l'autre au Louvre. C'est dans cet acte que pour la première fois Pierre Boulle prend le titre de « Tourneur et menuisier du Roy, demeurant aux galeries du Louvre ». En 1621, le 2 juillet, nouveau baptême d'un fils nommé *Paul*, qui eut pour parrain Me Paul Galland, conseiller du Roy, receveur général des tailles à Tours, trésorier et payeur de la gendarmerie de France, et pour marraine la Dlle Marthe Le Roy. On voit par ces noms que la situation de Pierre Boulle grandissait. Ajoutons que Me Paul Galland, ayant épousé la veuve de Bunel, se trouvait ainsi allié à la famille de Pierre Boulle.

En 1625 (1er juin), nouveau baptême d'un enfant dont, circonstance particulière, nous ignorons le prénom. Le 8 novembre 1626, baptême de *Jacques* Boulle, fils de Pierre Boulle et de Marie Bahuche, ayant pour parrain le docteur Jacques Sarrasin. Le 3 mai 1628, baptême de *Marguerite* Boulle, qui fut tenue sur les fonts par le sieur Guerrier, maître peintre à Paris. Enfin le 28 novembre 1631, baptême de *Madeleine* Boulle, dont le parrain était Pierre de la Barre, orfèvre. Dans ce dernier acte, Pierre Boulle est qualifié : « Tourneur et menuisier du Roy des cabinets d'ébène ».

Ainsi Pierre Boulle eut sept enfants; le dernier venu au monde cinq ans seulement avant sa mort; car on possède un brevet de logement au

Louvre, attribué au peintre Thomas Picquot et délivré « en place du sieur Boulle, menuisier en ébène ». Ce brevet est daté du 2 janvier 1636. Notre ébéniste à ce moment avait donc cessé de vivre. Nous n'avons pas la date exacte de sa mort, mais une quittance tirée par M. J. Guiffrey des *Archives de l'ancienne maison du Roy* nous apprend que Pierre Boulle, « menuizier et tourneur en esbeyne et aultre boys, de longtemps retenu par sa Maj[té] », toucha, en 1636, des appointements allant jusqu'au 1er du mois d'août. En admettant, et cela semble assez plausible, que cette mention soit relative à l'année précédente, nous aurions ainsi la date approximative du décès de ce premier Boulle. En tout cas, il ne peut être le père d'André-Charles, né en 1642. En fut-il le grand père? La chose est également invraisemblable.

Des sept enfants de Pierre Boulle, seuls le premier et le troisième, Jacques et Paul, pourraient chronologiquement s'être trouvés dans le cas d'être mariés et pères en 1642. Encore faudrait-il admettre que le premier se maria avant vingt-deux ans et le second à vingt ans et qu'ils eurent l'un ou l'autre un garçon après un an de mariage. Ajoutons qu'André-Charles n'est pas davantage le fils d'un certain Nicolas Boulle, maître brodeur, dont M. Read a trouvé également la trace en 1620 et 1621, et cela par une très bonne raison, c'est qu'un acte découvert par Jal nous apprend que son père s'appelait Jean.

Ce Jean Boulle était-il allié à Pierre Boulle? Le fait paraît assez probable. A quel degré? C'est ce que nous ignorons. Mais du dire du père Orlandi et des renseignements recueillis par M. Read, il demeure résulter que fils, vraisemblablement petit-fils et neveu d'ébénistes très distingués, André-Charles Boulle ne fut pas, comme on l'a dit et répété, le fondateur de cette dynastie d'artisans habiles qui portent son nom.

Il ne fut pas non plus, comme on l'a également prétendu et comme on le croit généralement, l'inventeur de ces marqueteries brillantes qui portent son nom. Nous allons, du moins, essayer de l'établir.

CHAPITRE IV

DESSUS DE PETITE TABLE
EN MARQUETERIE DE BOULLE.

L'emploi dans les arts du mobilier de la marqueterie et de l'incrustation, qui s'est longtemps confondue avec elle, remonte à une époque fort ancienne. On rencontre des traces de ces délicats travaux jusque dans l'Antiquité. Un grand nombre de petits meubles, cassettes, coffrets, échiquiers, incrustés ou marquetés d'ivoire, figurent dans les *Inventaires* du XIVe siècle. Généralement ils sont d'origine orientale et sont catalogués comme étant « de l'œuvre de Damas », c'est-à-dire fabriqués sinon dans cette ville, du moins en Asie Mineure. Des versets du Coran, qu'on désignait sous le nom de « lettres sarrazines », mêlés à des arabesques gracieuses, faisaient le fond de cette décoration très caractéristique.

En Europe, et plus spécialement en France, on exécutait des travaux d'incrustation et de marqueterie, mais d'une façon moins courante. Nous savons par les *Comptes de l'Argenterie* et par ceux de l'*Hostel* des Rois de France, qu'au Moyen-Age, la couleur des couteaux dont on se servait pour la table royale variait suivant les époques de l'année. Ils étaient blancs à Pâques, noirs en carême, à la Pentecôte noirs et blancs. Les manches de ces derniers étaient bien certainement en ébène incrustée d'ivoire. Nombre de coffrets « d'ybenus », dont il est fait mention dans ces documents lointains, devaient être décorés par le même procédé. Quant aux meubles marquetés, on en rencontre dès la seconde moitié du XIVe siècle dans les grands *Inventaires*. Celui de Charles V (1380) décrit un double « lectrin entaillé et marqueté » enfermé dans un étui de cuir, sur l'une des faces duquel était représentée l'Annonciation et sur l'autre saint Louis et sainte Agnès. C'était bien là un ouvrage français. On en peut dire autant d'un écrin de cyprès, marqueté et ferré d'argent, qui se trouvait dans « l'étude » de ce prince. L'*Inventaire du duc de Berry* dressé trente-six ans plus tard (1416) mentionne : « un grand tableau où est la Passion de Nostre-Seigneur faict de poins de marqueture » et « une table marquetée du jeu des eschaz et de tables et de mareliers ». Dans un *Inventaire de Charles VI* (1418), nous relevons également « un coffret marqueté et ferré d'argent ». Dans l'*Inventaire de Charlotte de Savoie* (1483) figure un petit coffre « œuvré à la coustume de Flandres... fort ouvré et menuysé et marché (c'est-à-dire marqueté) d'os et d'yvyère (ivoire) ». Un *Inventaire d'Anne de Bretagne* (1498) comprend « un coffret faict de musaycque de boys et d'ivoire », etc.

Ces exemples, qu'on pourrait corroborer de quelques autres, montrent que la marqueterie a été fort anciennement employée en France à la décoration des meubles, et qu'elle était d'un usage courant au Moyen-Age. A l'époque de la Renaissance elle ne cessa pas d'être en honneur. Parmi les meubles précieux qui garnissaient la bibliothèque d'Anne de Beaujeu (1523), on remarquait « une belle table carrée faicte à marqueterie, où sont plusieurs villes painctes à piesses raportées, faicte en Allemaigne ». Dans l'*Inventaire de Marguerite d'Autriche* (1524), nous notons également « une belle riche table fort bien ouvrée et menuisée d'escailles de parle, d'ivoire et autres choses à X parcquets ou rondeaux, dont deux sont aux armes d'Espaigne ». On sait, en outre, que Jean Michaël de Pantaléon fut attaché à la Maison de François Ier, en qualité de « marqueteur du Roy », et que ce même titre fut accordé en 1576 à l'Allemand Hans Kraus. Enfin les admirables lambris exécutés au château de la Bastie, par ordre d'Anne Durfé et qui nous ont été conservés, attestent l'habileté des marqueteurs de cette époque, et prouvent qu'ils étaient capables d'entreprendre des travaux de grande décoration.

Ajoutons qu'indépendamment des meubles marquetés, fabriqués en France, on continuait d'en importer d'Espagne, d'Italie, de Flandre et même des Indes. Les *Dépenses secrètes de François Ier* mentionnent, en effet, à l'année 1529, l'achat à Pierre Lemoyne « marchant demourant à Portugal », « d'un chalict marqueté à fueillages de nacle de perle, faict au pays d'Indye », et d'une chaire de même travail marchant avec ce lit. Tous les grands *Inventaires* de cette époque, au surplus, décrivent de ces meubles. L'*Inventaire du Cardinal d'Amboise* (Gaillon, 1550), ceux du château de Nérac (1555), de Claude Gouffier, duc de Roannès, grand écuyer de France (1572), de Catherine de Médicis (1589) et de Gabrielle d'Estrées (1599), etc., décrivent un nombre relativement considérable de tables, de chaises, de buffets, de coffres, de cabinets, de miroirs, couverts de marqueterie. Le 3 novembre 1600, les hauts personnages qui s'étaient rendus à Marseille au-devant de la reine Marie de Médicis, virent arriver, spectacle inattendu, une galère « royallement belle et telle que la mer n'en avoit porté de longtemps une plus riche ny plus superbe... Le bois de la poupe estoit marqueté de canes d'Inde, de grénatines, d'ébène, de nacre, d'ivoire et de pierre bleuë. » L'auteur anonyme de l'*Isle des Hermaphrodites* était donc l'interprète fidèle des préférences de la société raffinée de son temps, lorsque, parlant des meubles de bois, il recommandait qu'ils fussent tous « doréz, argentéz et marquetéz et que lesdicts meubles principallement les chalicts soient, si faire se peut, de boys de cèdre et rose et autres boys odorans, si quelqu'un n'ayme mieux en faire d'ebeyne et d'ivoire ».

Cette dernière citation est à retenir, car elle signale l'entrée en scène des bois exotiques. Jusqu'au milieu du XVIe siècle, en effet, la marqueterie n'avait guère associé dans ses meubles que l'ébène et l'ivoire, à quelques métaux précieux. Parfois on avait essayé de varier et d'égayer ce fond un peu monotone, par des adjonctions de nacre ou de pierres de rapport. Avec le XVIIe siècle, nous voyons un certain nombre de bois exotiques entrer en lice, et à leur suite l'écaille teintée, le cuivre et l'étain viennent enrichir la palette du marqueteur de leurs colorations chaudes et brillantes.

Tout le monde sait comment on procède à ces précieux travaux de marqueterie. On prépare tout d'abord les feuilles de bois, de nacre, d'écaille, d'étain ou de cuivre dont on aura besoin selon la nature de l'ouvrage que l'on veut exécuter, et en prenant garde que toutes ces feuilles soient parfaitement planes et exactement de la même épaisseur.

PANNEAU CENTRAL D'UN CABINET EN MARQUETERIE DE BOULLE.
(Galerie d'Apollon, au Louvre.)

On colle ensuite l'une sur l'autre et deux par deux celles dont on entend se servir. On assujettit la pièce dans un étau à mâchoire élastique, puis à l'aide d'un burin bien trempé ou d'une scie extrêmement fine on tranche et débite les deux feuilles en suivant un dessin préalablement tracé. Cette opération faite, on décolle le tout, et au lieu de deux feuilles, on en a quatre s'emboîtant parfaitement et deux par deux l'une dans l'autre.

Les décorations composées par les feuilles unies et emboîtées de la sorte — et dont la réunion fait penser à ce qu'on appelle un *jeu de patience* — portent, d'après la façon dont elles sont composées, les noms de première partie et de contre-partie. Ainsi, quand on découpe, comme cela a lieu pour les marqueteries dites de Boulle, soit une feuille de cuivre et une feuille d'écaille, soit une feuille d'étain et une feuille d'ébène, la plaque présentant un dessin formé par le cuivre ou l'étain, qu'on modèle après coup à l'aide de traits de burin, constitue la première partie; alors la plaque ou le dessin qui est formé soit par l'écaille, soit par l'ébène, prend, au contraire, le nom de contre-partie.

Indépendamment de cette première espèce de marqueterie, la plus somptueuse, la plus savante et celle qui produit les plus remarquables effets, on en exécute d'autres à l'aide de petits polygones de bois de couleurs variées, dont les contours, s'adaptant les uns aux autres, forment, quand ils sont réunis, une sorte de mosaïque. Enfin, pour les œuvres de fabrication courante, on prépare d'avance, à l'aide de bois assortis avec soin et découpés suivant un dessin préalablement arrêté, de petits motifs d'ornementation qui, encadrés ensuite par un jeu de fond, constituent des panneaux d'un décor très agréable. Dans l'*Inventaire* dressé par Boulle lui-même à la suite de l'incendie qui dévora ses ateliers (1720), nous relevons : « Cinq caisses remplies de différentes fleurs, oyseaux, animaux, feuillages, et ornemens de bois de toutes sortes de couleurs naturelles, la plupart du Sr Boulle père, faits dans sa jeunesse. — Douze caisses de toutes sortes de bois de couleur, rares, servant aux ouvrages de pièces de raport. » Boulle estimait le contenu de ces dix-sept caisses à huit mille livres, somme très considérable pour le temps.

Cet article de l'*Inventaire* a une importance toute particulière. Il nous apprend, en effet, qu'André-Charles Boulle ne se bornait pas à exécuter ces marqueteries brillantes qui associaient l'étain, le cuivre et l'écaille teintée, mais qu'il confectionnait également des marqueteries de bois de rapport. Il établit ensuite la perfection de travail à laquelle le père de notre artiste était parvenu, puisque son fils, arrivé au comble de la réputation, ne dédaignait pas d'utiliser, dans la fabrication de ses beaux meubles, des motifs composés et préparés par le vieux Jean Boulle. Il nous ramène, en outre, après un assez long détour, à la proposition qui termine notre précédent chapitre, à constater qu'André-Charles Boulle ne fut pas l'inventeur de la marqueterie qui porte son nom.

Vingt ans avant que notre artiste commençât à travailler, il existait, en effet, des coffres et des bureaux marquetés en métal, offrant de très frappantes analogies avec les ouvrages qu'on désigne d'une façon générale sous le nom de « Meubles de Boulle ». Dès 1650, on voit l'écaille et le cuivre poli allier leurs chauds reflets dans les cadres et surtout dans les

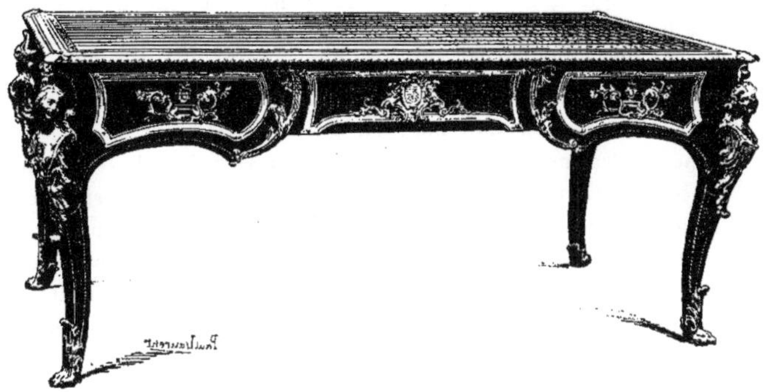

TABLE EN BOIS NOIR GARNI DE BRONZES DORÉS.
(Mobilier national.)

cabinets alors fort à la mode. Un de ces derniers, qui figure dans l'*Inventaire du cardinal de Mazarin*, dressé en 1653, — à une époque, par conséquent, où André-Charles Boulle n'avait que onze ans, — présente déjà ces caractères brillants dont le génie de notre grand ébéniste tirera, par la suite, un si merveilleux parti. La minutieuse description de ce meuble commence ainsi : « Un autre cabinet d'escaille de tortue et d'ebeine, profilé de cuivre doré par les costéz, porté sur quatre monstres de cuivre vermeil doré, les quatre coins garnis de cantonnières de cuivre vermeil doré percées à jour, à feuillages, masques, cartouches et animaux, le devant des tiroirs de cuivre vermeil doré, à figures de bas-relief représentant diverses fables des *Métamorphoses* d'Ovide, enchâssées dans des corniches d'escaille de tortue... etc. »

On voit que, n'étaient les dates qui ne laissent place à aucune confusion, ce meuble superbe pourrait être attribué à notre grand artiste. Il en est de même pour l'association de l'étain à l'ébène dont on a fait également honneur à Boulle. Cet *Inventaire* de 1653 décrit : « Un cabinet d'ebeine tout uny par le dehors, profilé d'estain... — Un autre cabinet d'ebeine tout uny par les costéz profilé d'estain... » Bien mieux, on peut voir au Musée de Cluny un bureau, qu'on dit provenir du palais du Luxembourg, et avoir appartenu à Marie de Médicis, et qui présente des marqueteries d'étain de ce genre.

Enfin, lorsque la personnalité d'André-Charles Boulle arrive à se dégager, lorsque les *Comptes des Bâtiments* nous signalent sa présence à Versailles, au Louvre, à Fontainebleau, et nous le montrent occupé pour le service royal à des travaux importants de décoration, il n'est pas le seul artiste de sa profession dont on utilise le talent et auquel on témoigne de l'estime. Jean Macé, son prédécesseur dans le logement qu'il occupera plus tard au Louvre; Jacques Sommer (*Alias* Zomer), qualifié également ébéniste du roi, et dont la veuve devait continuer pendant de longues années à figurer sur la liste des *Artistes à gages travaillant pour les Maisons royalles;* Philippe Poitou qui exécutait aux Gobelins, sous la direction de Le Brun, des meubles admirables, et qui, conjointement avec la femme même d'André-Charles Boulle, tint sur les fonts baptismaux la fille de Pierre Lochon, le graveur en taille-douce [1]; Combord, autre ébéniste du roi, et Pierre Golle qui fut le collaborateur de notre artiste pour le cabinet du Grand Dauphin [2], tous ces artisans habiles et fort appréciés étaient employés aux mêmes ouvrages que lui.

Comme lui, ils travaillaient, pour la Chambre du roi et celle de la reine, à ces estrades, à ces lambris, à ces alcôves merveilleuses qui faisaient l'admiration de la Cour et l'étonnement des étrangers. En présence de ces constatations nouvelles, on est naturellement amené à se demander si Boulle n'a pas — un peu injustement — synthétisé en sa personne une gloire qui devrait être plus équitablement répartie entre ses nombreux et assez obscurs collaborateurs. En tout cas, on est forcé de convenir que certainement il ne fut pas l'inventeur de ces marqueteries brillantes, qu'on désigne exclusivement aujourd'hui sous son nom.

1. Ce baptême eut lieu le 23 mai 1683. Voir *Archives de l'Art français, Documents*, t. IV, p. 133.

2. *Comptes des Bâtiments du roi*, t. II, p. 326.

Ces réserves étaient à faire; mais elles ne doivent pas nous empêcher de reconnaître que si notre grand ébéniste ne fut pas le premier dans son genre par ordre de date, il fut le premier dans sa profession par ordre de mérite. Sans une supériorité avérée sur ses concurrents, il n'aurait pu atteindre, en un siècle aussi connaisseur en belles choses, à une réputation pareille. Car, nous le verrons bientôt, jusqu'au terme de sa carrière et en dépit d'événements assez sombres, l'admiration de ses contemporains lui demeura fidèle. Jusqu'à sa dernière heure, il fut considéré comme un artiste hors de pair. Cette constatation nous ramène à l'histoire de sa vie.

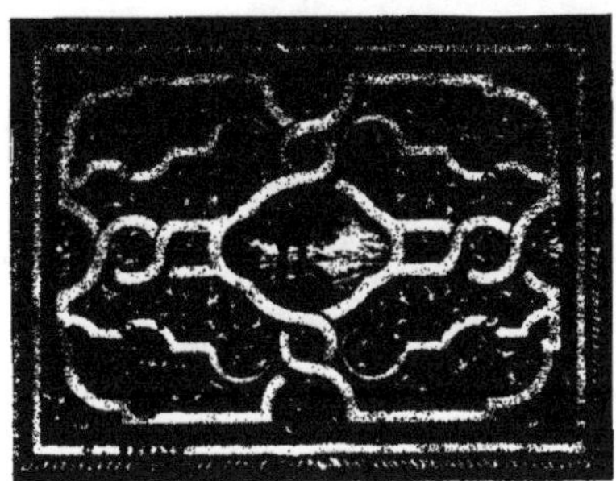

DESSUS DE TABLE EN MARQUETERIE DE BOULLE.

CHAPITRE V

DESSUS DE GUÉRIDON EN MARQUETERIE DE BOULLE.

Le document que découvrit Jal, et qui nous donne le prénom du père d'André-Charles Boulle, n'est rien moins que l'acte de mariage de notre grand artiste. Détail à noter, cet acte a été relevé par lui sur les registres d'une église catholique. On en peut donc conclure que si les Boulle avaient, dans le principe, appartenu à l'église réformée, certains d'entre eux, au moins, s'étaient convertis. Jean était de ce nombre. André-Charles suivit naturellement la confession de son père. C'est là ce qui explique comment M. Read n'a pas rencontré leurs traces sur les registres de l'église protestante.

C'est en 1677 qu'André-Charles Boulle se maria; le registre de Saint-Sulpice déclare que le 1er mars de cette année « André-Charles Boulle, marqueteur et ébéniste ordinaire du Roy, aagé de trente ans, fils de Jean Boulle et de Légère Thorin, présents audit mariage, demeurant paroisse Saint-Germain-l'Auxerrois » épousa « Anne-Marie Le Roux, aagée de vingt ans, fille de feu Henry Le Roux et de Marie Tillemant présente aud. mariage demeurt rue Sainte-Marguerite ». Un des témoins signataires de cet acte fut « Pierre Boulle, cousin dudit André-Charles ». Quel était ce Pierre Boulle ? Était-ce un fils de l'ébéniste du roi, mort en 1636 ? Dans ce cas ce ne pourrait être que celui baptisé le 1er juin 1625 et dont nous ne connaissons pas le prénom. La vérification du fait, si elle était possible, aurait son importance, car elle ferait du premier

BAS DE BIBLIOTHÈQUE EN MARQUETERIE DE BOULLE.

Pierre et de Jean deux frères, dont on serait autorisé dans une certaine mesure à associer l'activité et à mélanger les travaux.

Ce n'est pas, au reste, la seule obscurité qu'on rencontre dans cet acte. Ainsi que le constate Jal, Boulle savait assez mal son âge. En 1677 il se donnait trente ans, alors qu'étant né le 11 novembre 1642, il en avait déjà trente-quatre et quatre mois. Toutefois, si l'on remarque que la mariée n'avait que vingt années, on pensera sans doute que le futur époux, pour complaire à sa fiancée, aura essayé de se rajeunir. Ces choses-là sont de tous les temps.

Le certain, l'essentiel, c'est que, dès cette époque, André-Charles

Boulle était un artiste éminent. Son talent apprécié avait reçu une sorte de consécration officielle par son admission et son logement dans les Galeries du Louvre. C'est le 20 mai 1672, cinq ans par conséquent avant son mariage, qu'il avait obtenu cette haute faveur. Il avait alors vingt-neuf ans, et ainsi se trouve justifié ce que dit le père Orlandi de la forte éducation artistique qu'il avait reçue. Cette date a encore une autre importance; elle réfute une allégation singulière de M. Charles Asselineau [1], prétendant que Louis XIV avait admis notre artiste au Louvre par une sorte de charité. « Le roi, touché de sa détresse, écrit-il, l'avait logé au Louvre. » Ces quelques lignes contiennent une erreur assez lourde et qu'il importe de rectifier.

Les Galeries du Louvre ne constituaient pas à cette époque, comme semble le croire M. Asselineau, un lieu d'asile, mais une suite d'ateliers privilégiés, institués par Henri IV, et où les plus habiles artistes étaient logés aux frais de la Couronne. Ce grand roi, nous dit Sauval, avait établi dans son propre palais « une colonie de sculpteurs, d'architectes, de tapissiers et autres semblables occupant les galeries du Louvre », avec l'intention d'y loger « les plus grands seigneurs et les plus excellents maîtres du royaume, afin de faire comme une alliance de l'Esprit et des Beaux-Arts avec la Noblesse et l'Épée ».

Cette préoccupation royale est consignée, du reste, tout au long dans les *Lettres patentes* du 22 décembre 1608, par lesquelles furent institués ces logements du Louvre. « Comme entre les infinis biens qui sont causéz par la paix, y est-il dit, celluy qui provient de la culture des arts n'est pas des moindres.... nous avons eu cest esgard en la construction de nostre gallerie du Louvre, d'en disposer le bastiment en telle forme que nous y puissions commodément loger quantité des meilleurs et des plus suffizans maistres qui se pourroient recouvrer, tant de peinture, sculture, orfévrerie, orlogerie, insculture en pierreries, que aultres de plusieurs et d'excellentz artz, tant pour nous servir d'iceulx, comme pour estre par mesme moyen employéz par nos subjectz en ce qu'ils auroient besoing de leur industrye, et aussy pour faire comme une pépinière d'ouvriers de laquelle soubz l'aprentissaige de sy bons maistres, il en sortiroit plusieurs qui, par après, se répandroient par tout nostre Royaulme et qui sauroient très bien servir le publicq. »

On voit qu'il y a loin de cet établissement à la fois ingénieux et

1. Voir son article du 20 mars 1853 dans *le Monde littéraire.*

généreux, habilement conçu après avoir été sagement médité, au refuge dont parle M. Asselineau. Ajoutons qu'en ouvrant son propre

MEUBLE DE BOULLE.
(Anciennes collections de *Hamilton Palace.*)

palais aux artistes d'un mérite reconnu, le roi ne leur accordait pas seulement une des marques les plus considérables d'estime et de protection qu'il leur pût donner; il les débarrassait encore de toutes les entraves inventées par les Communautés industrielles, et de la surveillance des jurés et syndics des Corporations.

L'acte que nous citons ne laisse place à aucun doute sur la portée et les conséquences de cette émancipation : « La plupart de ceulx que nous avons logés en nostre gallerie ayans été choisis et attiréz de plusieurs endroicts de nostre dict royaulme et hors de ceste ville de Paris où ils n'ont esté passéz maistres, se trouvent à présent en une sy mauvoise condition, qu'ilz sont empeschéz de travailler pour les particuliers et aussy que ceulx qui font apprentissaige soubz eulx ne sont pas receuz à maistrise... à ces causes et aultres bonnes considéracions à ce nous mouvans... voullons et nous plaist que ceulx que nous mettons ès places et maisons, qui ne sont encore remplies en icelle (galerie), ensemble ceux qui leur succéderont à l'advenir de quelque art et science qu'ilz soient, puissent travailler pour nos subjectz tant esdictes maisons et bouticques d'icelle gallerie, que en aultres lieux ès endroictz où ils les vouldront employer, sans estre empeschéz ny visitéz par des aultres maistres et juréz des artz dont ilz font profession, de nostre dicte ville de Paris; auront et leur avons permis de prendre à chascun deulx apprentiz... lesquelz seront receus maistres tant en nostre dicte ville de Paris qu'en toutes les aultres villes de nostre royaulme, tout ainsy que s'ilz avoient faict leurs apprentissaiges soubz les aultres maistres desdictes villes, etc. »

C'était là, on le voit, une émancipation glorieuse réservée à un petit nombre d'élus, un privilège d'un prix exceptionnel; et cette admission aux Galeries du Louvre était du reste si bien considérée, même au XVIIIe siècle, comme étant à la fois une haute faveur et un honneur considérable, que Mariette n'hésitait pas à faire miroiter aux yeux de Rosalba Carriera la promesse d'un logement au Louvre, parmi les avantages capables d'attirer à Paris cette pastelliste célèbre.

Pour achever def aire le jour sur cette délicate question, il suffit, au surplus, de raconter comment André-Charles Boulle fut mis en possession de son logement. Ce local était antérieurement attribué au célèbre ébéniste Jean Macé, qui y travaillait pour le roi avec ses trois fils, Claude, Isaac et Luc, si nous en croyons l'abbé de Marolles[1], avec un

1. Voir *Paris ou la Description succincte et néantmoins assez ample de cette grande ville* (Paris, 1677, p. 53). L'abbé de Marolles, très sujet à caution, ne se pique

seul collaborateur, si nous nous en rapportons au contraire à un document singulièrement plus probant. Nous voulons parler de la lettre que Colbert écrivit au roi à l'occasion de la vacance de ce logement. En 1672, lorsque Jean Macé mourut, Louis XIV venait de partir pour la Flandre, et se préparait à effectuer ce mémorable passage du Rhin, qui devait prendre une place capitale dans l'histoire de son règne. Mais, de loin comme de près, le roi entendait gouverner et ne laisser à ses ministres aucune décision importante à prendre. Aussi, dans une missive

COMMODE EN TOMBEAU, MARQUETERIE DE BOULLE.
(D'après un dessin de Bérain.)

qu'il lui adressait de Saint-Germain, à la date du 22 mai, Colbert s'empressa-t-il de porter le fait qui nous occupe, à la connaissance royale, dans les termes qui suivent :

Massé l'ébéniste qui faisoit les panneaux des grenouilles est mort; il a un fils qui n'est pas habile dans son mestier; le nommé Boulle est le plus habile de Paris. Votre Majesté ordonnera, s'il luy plaist, auquel des deux elle veut donner son logement dans les galeries.

Et Louis XIV, retournant la lettre à son ministre, écrivait en marge : « Le logement des galeries au plus habile[1] ». En conséquence de cette

pas d'une scrupuleuse exactitude. Dans le présent cas, notamment, il désigne comme travaillant de son temps aux Galeries trois ébénistes, Stabre, Jean Macé et Boulle; or Stabre était mort en 1628, Macé lui avait succédé, et nous voyons que Boulle avait à son tour, en 1673, pris la place de ce dernier. La confusion faite par l'abbé poète est au moins singulière.

1. *Correspondance administrative de Louis XIV*, t. VI.

décision, Boulle, à partir de 1673, figura seul, avec la veuve Zomer, sur le *Tableau des officiers qui ont gages pour servir générallement dans toutes les maisons et Bastimens de Sa Majesté.* Quant au fils de Jean Macé, il dut déménager, mais on lui laissa vraisemblablement achever les travaux commencés par son père, car, jusqu'en 1677, il continua de travailler pour la Couronne. On relève, en effet, dans les *Comptes des Bâtiments* un certain nombre de fournitures faites jusqu'à cette date par un certain « Macé, ébéniste », sans autre désignation[1]. Plus prudent que Jean Macé, André-Charles Boulle, après cinquante-trois ans de séjour au Louvre, eut soin d'assurer son logement à ses fils, en obtenant pour eux la survivance.

S'il restait, au surplus, un doute relativement à la part d'honneur qui rejaillissait sur les titulaires de ces logements, la teneur des deux Brevets attribués à Boulle suffirait à le lever. Jamais distinction ne fut accordée dans des termes plus honorables. Le premier de ces Brevets était conçu comme suit :

Aujourd'hui, vingt unième jour de may mil six cent soixante douze, la Reyne estant à St Germain en Laye, sachant l'expérience que André Charles Boulle ebéniste, faiseur de marqueterie, doreur et siseleur s'est acquise dans cette profession, et qu'il mérite l'honneur de loger avec les autres artisans de réputation dans la Gallerie du château du Louvre destinée à cet effet, Sa Majesté déclare veut et entend qu'il soit logé présentement dans l'appartement qu'occupoit en cette Gallerie feu Massé, pour par luy en jouir aux honneurs, autoritéz et droits y appartenans, tels et semblables qu'en jouissent tous les autres ouvriers demeurans dans la d. Gallerie, mande et ordonne Sa Majesté au Sur Intendant et Ordonnateur général des Bastimens, Arts et Manufactures de France, de faire jouir le dit Boulle pleinement, et paisiblement du contenu au présent brevet quelle a pour assurance de sa volonté signé de sa main et fait contresigner par moy con^er^ secretaire d'Estat et des commandemens et finances de Sa Majesté. Signé Marie Thérèse et plus bas Colbert et à costé est escrit : Veu par nous con^er^ du Roy en tous ses conseils et en son Conseil Royal Surintendant et Ordonnateur général des Bastimens, Arts et Manufactures de France le présent brevet pour jouir de leffet d'iceluy par le d. Boulle a Paris le 21e may 1672. Signé Colbert.

1. Les *Comptes des Bâtiments* mentionnent un certain nombre d'artisans du nom de Macé : d'abord Jean; puis le Macé qui de 1672 à 1677 est qualifié ébéniste et dont nous ignorons le prénom, mais qui paraît être le fils de Jean. Ensuite viennent un certain Nicolas qui était menuisier et un Denis Macé, voiturier. On trouve encore trois Macé sans prénoms qui exercent les professions de jardinier, serrurier et tapissier; mais sauf pour les deux premiers, aucun lien familial ne paraît rattacher les uns aux autres ces divers homonymes.

Le second était rédigé dans les termes suivants :

Aujourd'hui vingt-neuvième jour du mois d'octobre mil six cent soixante dix neuf, le roy estant à St Germain en Laye bien informé de l'expérience qu'André Charles Boulle, Ebéniste, faiseur de marqueterie, siseleur et doreur s'est acquise dans son art, dont il a donné des preuves par les ouvrages qu'il a faits pour le service de Sa Majesté, et voulant en cette considération le traiter favorablement et accroitre son logement sous la Gallerie du Louvre, Sa Majesté luy a accordé et fait don du demy-logement qu'occupoit cy-devant le nommé Petit sous la d. Gallerie du Louvre, vaccant à présent par son déceds, voulant que ledit Boulle en jouisse conjointement avec celuy qui luy a esté accordé par brevet du 21ᵉ may 1672, aux mesmes hon-

PROJET DE TABLE COMPOSÉ PAR BOULLE.
(D'après un dessin à la sanguine conservé au Musée du Louvre.)

neurs priviléges et exemptions dont jouissent les autres artisans qui sont logéz sous la Gallerie tant qu'il plaira à Sa Majesté, laquelle mande et ordonne au Surintendant et Ordonnateur général de ses Bastimens, Arts et Manufactures de France de mettre le d. Boulle en possession du d. logement, et l'en faire jouir conformement au present brevet que Sa Majesté a signé de sa main, et fait contresigner par moy consᵉʳ secrétaire d'Estat et de ses commandemens et finances. Signé Louis et plus bas Colbert et à costé est escrit : Veu par nous Surintendant et Ordonnateur général des Bastimens de Sa Majesté, Arts et Manufactures de France le présent brevet pour jouir de l'effet d'iceluy par le dit André Charles Boulle suivant l'intention de sa dite Majesté le seizième jour de Novembre 1679. Signé Colbert [1].

Ces documents, que M. Asselineau n'a certainement pas connus, et dont il n'aurait pas manqué, sans cela, de tirer des conséquences, qui sautent aux yeux, éloignent toute pensée d'un asile inviolable offert

1. *Archives de l'Art français, Documents*, t. I, p. 222 à 224, et *Nouvelles Archives de l'art français*, année 1873, p. 67, 74 et 132.

à un artisan dans l'embarras[1]. En outre, il convient de ne pas oublier qu'André-Charles Boulle obtint d'être logé aux Galeries en 1672, c'est-à-dire à l'âge de trente ans. A cette époque, il pouvait être déjà dans la fleur de son talent, mais il ne connaissait certes pas la détresse. Enfin, il redoutait si peu ses créanciers que, bien loin de chercher à s'abriter derrière les murailles du roi, il continua de demeurer au faubourg Saint-Germain, pendant près de quinze années. C'est là, en effet, que naquit, le 11 décembre 1685, un de ses enfants, baptisé le lendemain à Saint-Sulpice et désigné comme « fils d'André-Charles Boulle, ébéniste, et de Anne-Marie Leroux, sa femme ». Cependant l'emplacement qui lui avait été concédé au Louvre et qui portait le titre de « quinzième logement », était vaste, et qui plus est bien disposé, car dès l'origine il avait été occupé par des ébénistes. En 1608, le célèbre Laurent Stabre en avait pris possession. A sa mort, sa veuve y était demeurée avec Vincent Petit qui continua de diriger les ateliers. Le 16 mai 1644, Jean Macé, dont nous venons de parler, nommé « menuisier en ébène du Roy en raison de l'habileté qu'il s'estoit acquise en son art par une longue pratique dans les Pays-Bas », avait été gratifié d'un brevet de logement « pour prendre la première place qui viendra à vacquer ». Le 15 octobre suivant, il fut mis en possession du logis précédemment occupé par Stabre et par sa veuve, et il l'habita avec ses fils jusqu'en 1672. Quant à Petit, il se vit relégué dans un demi-logement, où il s'occupa plus spécialement d'incruster des fûts d'armes à feu et, en 1679 (29 octobre), étant mort à son tour, son atelier, nous l'avons dit, fut concédé à Boulle et procura à son logement un accroissement assez considérable. La place ne faisait donc pas défaut à notre artiste, et cependant c'est seulement

1. Ce qui a pu causer la méprise de M. Asselineau, c'est que le Louvre, comme toutes les maisons royales, était placé en dehors des juridictions ordinaires et que le pouvoir des officiers judiciaires expirait à son seuil. Ils ne pouvaient y instrumenter, en effet, comme dans le reste de la ville, et étaient tenus de solliciter préalablement l'autorisation royale. Nous verrons par la suite que les créanciers de Boulle eurent maintes fois recours à ces sollicitations. Quant aux débiteurs, qui pour échapper à leurs créanciers se réfugiaient au Louvre, ils en étaient tout simplement expulsés. La lettre suivante, écrite de Compiègne le 10 mars 1683 par le marquis de Seignelay *(Correspondance administrative de Louis XIV*, t. II, p. 597), le prouve :

« Le roy estant informé que le nommé Neret s'est retiré dans la galerie du Louvre, pour esluder l'exécution des contraintes par corps qui ont été décernées contre luy, S. M. m'a ordonné de vous escrire que son intention est que vous l'en fassiez sortir et que vous ne souffriez jamais de ces sortes de gens dans le Louvre. »

en 1688, que nous le trouvons définitivement installé dans sa résidence officielle.

Le 29 août de cette année, il eut, en effet, un autre fils qui vint au monde dans l'appartement occupé par lui aux Galeries du Louvre. Cet enfant, qui fut baptisé le 30, reçut les prénoms de Charles-Joseph. Enfin on possède encore l'acte de baptême d'un troisième fils, Henri-Auguste, daté du 16 août 1690, né également au Louvre. La collection de ces actes de baptême demeure toutefois incomplète.

La postérité de Boulle fut un peu plus nombreuse, car il laissa quatre fils qui lui succédèrent dans sa profession. A ces quatre fils, nommés *Jean-Philippe*, *Pierre-Benoît*, *Charles-André* et *Charles-Joseph*, il convient d'ajouter *Henri-Auguste*, dont nous venons de relever la mention baptismale, puis un autre fils nommé *Nicolas*, né en 1679 et mort en 1688, et enfin une fille nommée *Constance-Légère*, sur laquelle on manque de détails : soit en tout sept enfants.

Le nom de cette dernière nous est révélé par l'acte de baptême de Henri-Auguste, dont elle fut la marraine, et l'existence de Nicolas, qui paraît avoir été le premier-né de cette féconde union, par son acte de décès. Cet acte, daté du 25 juin 1688, contient encore une particularité assez curieuse. Parmi les personnes qui assistent à l'inhumation de cet enfant de neuf ans, inhumation qui eut lieu à Saint-Germain-l'Auxerrois, figure le Sr Jean Poiret, ecclésiastique « precepteur dud. deffunt ». Ce détail montre que Boulle, bien loin d'être à cette époque traqué par ses créanciers, avait une fortune suffisante pour soigner l'éducation de ses fils, et se donner quelques airs, sinon de grand seigneur, du moins de bourgeois enrichi.

CHAPITRE VI

DESSUS DE PETITE TABLE
EN MARQUETERIE DE BOULLE.

Bien que le talent d'André-Charles Boulle ait été apprécié suffisamment par Colbert pour valoir dès sa trentième année, à notre artiste, un logement aux Galeries du Louvre, on n'a pas la preuve cependant qu'antérieurement à cette époque il ait exécuté pour le roi des travaux considérables. Il n'existe, à cet égard, que des présomptions. Ce manque de preuves, hâtons-nous de le constater, provient surtout de ce que les *Comptes des Bâtiments*, la seule source officielle un peu complète où il ait été permis de puiser en toute assurance, ne s'occupent que très exceptionnellement des meubles fabriqués pour ce qu'on appelait alors les « Maisons royalles ».

On y rencontre bien parfois des mentions de paiement pour quelques grands ouvrages tels que les cabinets d'un prix considérable confectionnés par Domenico Cucci, mais la plupart des articles concernant l'ébénisterie, la marqueterie, les mosaïques de bois, etc., dont il est parlé dans ces *Comptes* se rapportent exclusivement à des travaux de parquetage ou de revêtement. Ces ouvrages souvent très importants sont exécutés par Pierre Gole, Jean Macé, Combord, Philippe Poitou, Jacque Sommer, tous ébénistes de premier mérite, et enfin par André-Charles Boulle.

La première fois qu'apparaît le nom de Boulle dans les *Comptes des*

GRAND COFFRE DE TOILETTE EN MARQUETERIE DE BOULLE.

Bâtiments c'est en 1669. Le 15 décembre, il est payé « au Sr Boule, peintre, à compte sur ses ouvrages de peinture pour le roy, 400 liv. [1] ». Est-ce de notre artiste qu'il s'agit ? Vraisemblablement, puisque le père Orlandi nous a dit qu'il fut d'abord peintre et qu'il ne fallut rien moins que l'autorité de son père pour le fixer dans l'ébénisterie. Toutefois, six ans plus tard, en 1675, le 28 mai, nous voyons un personnage du même nom toucher 5,488 liv. 15 s. « pour transport de plusieurs sapins et arbrisseaux ». André-Charles était-il donc devenu à cette

1. *Comptes des bâtiments*, t. I, col. 367.

époque un émule de Le Nôtre et s'occupait-il de jardinage ? Le fait est d'autant moins croyable que dès 1672, c'est-à-dire dès l'année où il est admis parmi les *Officiers qui ont gages pour servir generallement dans toutes les maisons et bastimens de Sa Majesté*, aux appointements annuels de 30 liv., nous le trouvons employé à Versailles à de grands ouvrages. D'abord c'est la petite chambre de la reine qu'il habille de boiseries, et il touche de ce chef 3,700 liv. ; puis à partir de 1673, il travaille pour l'appartement de cette même princesse, à une estrade qu'il achève deux ans plus tard et qui lui est payée 7,954 liv. En 1680, il exécute un « cabinet d'orgues de bois de raport garni d'ornemens de bronze, pour estre mis dans les appartemens du chasteau. » Ce cabinet lui est payé 8,000 liv.[1] Le 28 novembre 1683, il livre, pour l'appartement du Dauphin, deux tables de marqueterie et un pied de cabinet enrichi de cristal de roche ; le 9 janvier 1684, il expédie à Versailles un coffre de marqueterie destiné également à Monseigneur, et le 11 juin suivant, dix-sept girandoles de bronze doré, exécutées pour la chambre de billard du petit appartement du roi. Le 31 décembre de cette même année, il achève le parquet de l'alcôve de la Dauphine. L'année suivante (21 octobre 1685), il est occupé à Fontainebleau où il exécute une estrade en marqueterie pour la Reine. Enfin, le 17 novembre 1686, il touche 9,102 liv. 8 s. « à compte du parquet de marquetterie d'escaille et de cuivre qu'il a faict pour le cabinet des bijoux de Monseigneur.[2] » On voit que la famille royale utilisait largement ses services, d'autant plus qu'entre temps il fabriquait et livrait quantité de ces beaux meubles dont les *Comptes des Bâtiments* ne font point mention, mais dont on retrouve la trace dans la correspondance ministérielle et dans les *Inventaires* de cette époque. A Versailles, on admirait des bureaux de sa façon dans la chambre du roi, dans celle de Mme de Maintenon, ainsi que chez Philippe d'Orléans et la duchesse sa femme[3] ; et il exécuta pour la grande Galerie des Glaces et pour la

1. En 1681, il réparait un autre orgue dépendant de l'appartement de la reine et touchait pour cette réparation 210 liv. (*Comptes des bâtiments*, t. II, col. 63.)

2. *Comptes des Bâtiments*, t. I, col. 631, 701, 840, 1124, 1323, et t. II, col. 119, 253, 350, 391, 466, 473, 567, 632, 730, 763, 829, 891, 968, 1117.

3. On lira peut-être avec intérêt la description de quelques-uns de ces beaux meubles, telle qu'elle figure sur *l'Inventaire du château de Versailles* dressé en 1708. Dans la chambre de Mme de Maintenon nous relevons : « Deux petits bureaux de marqueterie d'étain sur fond de bois de noyer, à quatre tiroirs et un guichet par

COFFRET DE MARIAGE COMMANDÉ A BOULLE PAR LOUIS XIV
POUR LE GRAND DAUPHIN.
(Anciennes collections du palais de San Donato.)

Grande Galerie de Saint-Cloud, une quantité de cabinets admirables, dont quelques spécimens nous ont été heureusement conservés.

Toutefois son ouvrage le plus considérable, durant toute cette période, fut le cabinet du Dauphin, à Versailles. Ce beau travail, signalé à l'attention des amateurs par Germain Brice, dans l'édition de sa *Description de Paris*, qu'il donna en 1698, passa, jusqu'à sa disparition, pour le chef-d'œuvre de l'artiste. Pendant longtemps même il fut considéré comme une des merveilles de Versailles.

Tous les étrangers de marque, princes, ambassadeurs, etc., sollicitaient la faveur de le visiter, ainsi que les collections de gemmes, d'orfèvreries précieuses et de cristaux qui lui servaient d'annexes. Ce beau cabinet, cependant, éprouva des vicissitudes à la fois curieuses et navrantes. Jusqu'à son mariage avec Marie-Anne-Christine de Bavière (7 mars 1680), le Dauphin n'avait point eu, à Versailles, d'appartement, au sens officiel du mot. *L'Explication historique de ce qu'il y a de plus remarquable dans la Maison royale de Versailles*, publiée par ordre du roi, en 1681, décrit les appartements du Roi, de la Reine, du duc et de la duchesse d'Orléans, mais ne mentionne pas encore celui de Monseigneur. Ce prince, désireux de ne point paraître inférieur, comme luxe et comme magnificence, à ses augustes parents, aussitôt après son mariage, donna tous ses soins à l'ameublement de son appartement particulier et notamment à la décoration de son cabinet, dont l'exécution fut confiée à André-Charles Boulle. Celui-ci se mit de suite au travail. Du 9 août 1682, à fin décembre de la même année, il touchait 21,900 liv., et du 11 janvier 1683 au 18 juillet suivant, 38,000 liv. « pour les ouvrages de marquetterie qu'il a faits pour le cabinet de Monseigneur ». Cet admirable travail, terminé à l'automne de 1683, attirait, par sa perfection, les éloges les plus mérités à son illustre possesseur, lorsque le Dauphin reçut assez brusquement l'ordre de

devant, le dessus brisé, avec 3 tiroirs en dedans, portés sur leurs pieds de 8 pilliers en guaine de même ouvrage et bois argenté aux chapitaux et baze, les boules en pommes de pin argentées, longs de deux pieds 9 pouces 1/2 sur un pied 9 pouces de large : avec un petit tapis de taffetas verd, doublé de serge ». Dans une pièce voisine on remarque : « Une grande table de marquetterie de cuivre et d'étain sur fond d'écaille tortue et d'ébène représentant au milieu un ovale et quatre ronds aux coins; longue de 5 pieds sur 2 pieds 7 pouces, ayant deux tiroirs, portée sur un pied de 6 piliers en guaine de marqueterie d'étain et écaille tortue, avec ornemens de cuivre et d'étain », etc.

transporter son appartement à l'étage inférieur. Moins d'un an après leur mise en place, ces superbes marqueteries étaient déposées, démontées, remaniées et adaptées à une autre pièce de dimensions différentes. Dates à retenir! Pierre Gole, chargé de « l'exécution du parquet marqueté pour l'entresol du cabinet de Monseigneur le Dauphin, au château de Versailles », avait achevé de toucher le 14 mars 1683 la somme de

TABLE RECTANGULAIRE DU TEMPS DE LOUIS XIV,
EN MARQUETERIE DE BOULLE.
(Ancienne collection Charles Stein.)

9,800 liv. qui lui était allouée pour ses fournitures [1], et, le 14 juin 1684, le Dauphin, qui avait pris médecine le matin et qui, l'après-midi, s'était promené au frais sur la terrasse devant son appartement, « régla, avec Monsieur de Louvois, tout ce qu'il fallait pour transporter en bas son cabinet de marqueterie et de glaces. [2] »

Ce fut, en effet, ce terrible ministre qu'on chargea de surveiller le

1. *Comptes des Bâtiments*, t. II, col. 190, 191 et 326.
2. Dangeau, *Journal*, t. I, p. 27.

transfert de ces admirables lambris. A la mort de Colbert, il s'était fait attribuer la charge de Surintendant des Bâtiments, et les travaux de ce genre rentraient désormais dans sa compétence. Tout le monde, à la Cour, s'occupait au surplus de cette artistique opération. Le roi lui-même s'impatientait de ne pas voir l'installation nouvelle du Dauphin aussi vite achevée qu'il le souhaitait. Il s'informait auprès de son ministre de l'état dans lequel se trouvaient les appartements de ce prince, et celui-ci répondait : « Pour celuy où travaille Boule, je n'en puis rien dire, si ce n'est qu'il n'en bouge pas et qu'il y a beaucoup d'ouvriers ; mais je ne puis croire qu'il ait achevé avant la fin de ce mois. » Et à Monseigneur, Louvois écrivait : « Quoyqu'il (Boulle) promette toujours des merveilles, je ne croys pas qu'on puisse espérer qu'il ait achevé avant le 25e de ce moys, je ne souffrirai pas qu'il y perde de temps. [1] »

Ce cabinet, dans son second emplacement, donnait sur la Galerie Basse, celle qu'on nomme aujourd'hui la Galerie de Louis XIII [2]. Il continua de faire l'admiration des connaisseurs jusqu'au jour où, le Dauphin étant mort, ses collections furent partagées ou vendues et son appartement remanié et transformé pour servir à un autre Dauphin. A ce moment, le goût avait changé. Les marqueteries de Boulle n'étaient pas du reste très bien conservées. L'humidité du rez-de-chaussée ne tarda pas à accomplir son œuvre. Dès 1687, Boulle était obligé de procéder « au rétablissement et poliment des parquets de marquetterie qui avaient joué [3] ». L'appartement cessant d'être habité, le mal s'aggrava. On estima qu'il serait trop coûteux de réparer ces beaux ouvrages et de les remettre en état ; on trouva plus simple et plus économique de les déposer et de les placer dans le Garde-meuble, où ils achevèrent de se détériorer tout à leur aise. C'est là assurément pour l'histoire de nos arts décoratifs un accident cruel ; toutefois ce chef-d'œuvre d'ébénisterie ne disparut pas pour toujours, sans laisser un double souvenir : une image fidèle et une description. M. le baron Pichon possède en effet une peinture du temps, représentant le duc d'Anjou qui vient dire adieu à son père le Grand Dauphin, et c'est dans le fameux cabinet de ce prince

1. Voir, dans le *Moniteur* du 11 janvier 1855, l'article de M. Paul Boiteau, intitulé *les Autographes de Louis XIV*.

2. E. Soulié, *le Livret de Versailles*, 1re partie, p. 278.

3. *Comptes des Bâtiments*, t. II, col. 1296.

COFFRET DE MARIAGE COMMANDÉ A BOULLE PAR LOUIS XIV
POUR LE GRAND DAUPHIN.
(Anciennes collections du palais de San Donato.)

que cette audience solennelle a lieu, avant d'aller prendre possession du trône d'Espagne.

La qualité de la peinture, un peu sommaire, les craquelures et les détériorations qu'elle a subies, empêchent qu'on ne distingue très nettement les magnifiques revêtements de marqueterie qui couvrent les murailles, ainsi que le détail des meubles qui garnissent cette pièce unique en son genre. Mais on remarque à gauche une bibliothèque basse et en retour d'équerre, surmontée de vases de porcelaine et de bustes de bronze, et le bureau du prince dont le dessin est encore très lisible. Ce bureau ainsi que la cheminée, dont la reproduction exacte figure parmi les gravures de Bérain, montrent que, très vraisemblablement l'illustre dessinateur du cabinet du roi avait, comme l'écrivait fort judicieusement il y a près de quarante ans M. le baron Pichon [1], fourni les modèles de cette admirable marqueterie. On a tout lieu de penser que cette collaboration de Boulle et de Bérain n'est pas un fait unique dans la vie de ces deux grands artistes, et l'œuvre de Bérain renferme quantité de modèles de meubles qui, comme forme, comme décor et comme style, se rapprochent singulièrement des meubles de Boulle.

Félibien, en outre, veut bien compléter, par une description assez précise, les renseignements fournis par la curieuse peinture dont nous venons de parler. « Ce cabinet, dit-il, a de tous côtés et dans le plafond des glaces de miroirs avec des compartimens de bordures dorées sur un fond de marqueterie d'ébène. Le parquet est aussi fait de bois de rapport et embelli de divers ornemens, entre autres des chiffres de Monseigneur et de Madame la Dauphine », et Piganiol ajoute : « C'est le chef-d'œuvre de Boule et de son art ».

Ce ne fut point, au surplus, le seul travail que notre ébéniste exécuta pour le Dauphin. Les *Comptes des Bâtiments* mentionnent, nous l'avons vu plus haut, des sièges de marqueterie, des ouvrages de bronze doré. — En 1684, Boulle en livrait pour 15,100 liv. — Enfin il ne nous est pas permis d'oublier qu'avant de mettre la main à ce cabinet célèbre, il avait confectionné les coffres de mariage de ce prince, et il est d'autant plus naturel de parler de ces meubles splendides que, parvenus jusqu'à nous, ils ont récemment figuré dans une vente célèbre.

La Cour, du reste, qui était de l'opinion de Piganiol, ne manqua pas d'occuper les multiples talents de notre artiste. Pendant plus d'un

1. *Archives de l'Art français, Documents*, t. IV, p. 403.

BUREAU DE DAME EN MARQUETERIE DE BOULLE.

(Musée de Cluny.)

demi-siècle, elle fut unanime à l'entretenir de ses commandes et à célébrer ses mérites. En 1687, Louis XIV faisait remettre par le Dauphin une cassette de Boulle aux ambassadeurs de Siam, et ce joli meuble, destiné à la reine de ce lointain pays, allait porter aux confins du monde la réputation de notre ébénisterie. Il n'est besoin, au reste, que de parcourir — nous venons de le voir — la *Correspondance* de Louvois pour constater l'importance que ce ministre peu commode attachait aux productions d'André-Charles Boulle. Beaucoup plus tard, on trouve, dans les rapports adressés par le duc d'Antin à Louis XIV, la preuve que, même en 1708, c'est-à-dire aux époques les plus sombres de son long règne, le Grand Roi n'avait pas cessé de s'occuper de son ébéniste préféré. « J'ai été à Trianon, écrit le duc d'Antin, pour voir le second bureau de Boulle, il est aussi beau que l'autre et sied à merveille à cette chambre [1] », et Louis XIV écrivit en marge : « *Bon* ».

Apprécié à la Cour comme il le méritait, Boulle n'était pas moins goûté des grands seigneurs et des financiers de son époque. Les uns et les autres se disputaient ses ouvrages. Crozat et Samuel Bernard furent un moment ses fidèles clients et l'on prétend qu'il fournit à ce dernier un bureau de 50,000 livres.

On peut voir encore à l'Imprimerie Nationale une horloge régulateur qu'il fit pour le prince de Rohan ; il nous apprend lui-même qu'il exécuta pour le duc de Bourbon un bureau de six pieds de long, un gradin avec sa pendule et trois armoires, dont une grande et deux petites. Les portefeuilles de l'architecte Robert de Cotte, conservés au Cabinet des Estampes de la Bibliothèque Nationale, nous révèlent, en outre, qu'il fut chargé de la confection d'un certain nombre de meubles pour des princes étrangers. Dans une pièce intitulée *Extrait des mémoires arretéz et regléz pour les ouvrages faits à Paris pour Sa Majesté Catolique* (sic), nous relevons l'article suivant : « Burreau et commodes par Boulle..... 3,586 liv. 9 s. ». Il eût été curieux de retrouver le mémoire du grand artiste, mais une note transcrite au bas de la pièce dit que « les originaux du mémoire des glaces et celuy de Boulle ont estéz remis à Monsieur Daubigny ». Une autre pièce mentionne, en 1719, la fourniture à l'Électeur de Cologne, « pour son palais de Bonn », de « deux commodes ornées de bronze doré d'or moulu dans deux caisses », au prix de 1,675 liv. Nous savons enfin par le *Mercure*, que lorsque les

1. *Le Duc d'Antin et Louis XIV*, par J. Guiffrey, p. 18.

princes de Bavière vinrent visiter Paris, ils n'hésitèrent pas à aller voir ses ateliers. Ainsi, aucune consécration ne manqua à sa célébrité, pas même celle que donne la presse.

On connaît, en effet, le mauvais jeu de mots que se permit l'abbé de Marolles, dans sa description de la fameuse Galerie du Louvre et dans l'énumération des artistes qui l'occupaient de son temps :

. . . . . Boule y tourne en ovale.

En 1684, Brice, venant à parler de lui à propos de ces mêmes logements du Louvre, écrivait : « Il fait des ouvrages de marqueterie extraordinairement bien travaillés et que les curieux conservent soigneusement. » Le *Livre commode*, de 1691, n'est pas moins élogieux; après avoir vanté « les meubles d'orfèvrerie, fabriquéz avec grande perfection par M. de Launay, orfèvre du roy, devant les galeries du Louvre », il ajoute : « M. Boul *(sic)*, son voisin, fait des ouvrages de marquetterie d'une beauté singulière..... »

Au siècle suivant, bien que la mode eût changé, et que le goût des délicates mosaïques de bois exotiques eût remplacé celui des fastueuses marqueteries associant le cuivre à l'écaille, Boulle eut cette bonne fortune exceptionnelle que ses productions ne furent jamais dédaignées, et ses beaux meubles, traités à l'égal des œuvres d'art les plus recherchées, prirent place dans les galeries des curieux les plus illustres. Les auteurs des *Descriptions de Paris* si nombreuses à cette époque ne manquent pas de signaler ses ouvrages à l'attention des étrangers. Piganiol de la Force *(Description de Paris*, t. V, p. 236) cite avec éloge les meubles de sa main qui ornaient le cabinet de M. de Jullienne. On y admire surtout, dit-il, « un grand nombre de tables, cabinets, feux, armoires, etc., de la composition du fameux Boulle, ébéniste ; ses ouvrages, quoique faits il y a plus de quatre-vingts ans, sont encore très recherchés et préférés à tous ceux de notre siècle dans ce genre, par la beauté et simplicité des formes, jointes au goût exquis des ornemens de bronze doré ». Parlant également de lui, Dargenville, dans son *Voyage de Paris* [1], constate qu'il « étoit Architecte, Peintre et Sculpteur en mosaïque. Son mérite, ajoute-t-il, est généralement connu ». Autre part, à propos de la collection de Blondel de Gaigny, il dit encore : « On y voit avec plaisir plusieurs commodes, tables et autres beaux ouvrages du fameux Boule. » Lazare

1. A Paris, chez de Bure, 1745, p. 137 et 430.

Duvaux, le plus achalandé des marchands de l'époque, le fournisseur attitré de la famille royale et de Mme de Pompadour, a bien soin, dans son *Livre-Journal*, de signaler les meubles sortis de ses ateliers, qui passent par son magasin, et qui sont acquis, au surplus, par les plus illustres amateurs de ce temps. Le 11 septembre 1753, Duvaux vend à Mme de Pompadour « un lustre de Boulle en bronze ciselé, doré d'or moulu, à huit branches, très beau », du prix de 960 liv. Le 24 du même mois, il livre au marquis de Voyer « deux armoires de Boulle, de 36 pouces de haut sur 5 pieds 9 pouces de long, à trois portes très belles », de 2,400 liv. Le 12 novembre suivant, c'est M. de Boulogne qui lui achète un lustre à huit branches. Enfin, le 14 décembre 1757, il factura 840 liv. à la marquise de Marigny « une pendule et baromètre tenant ensemble, de marquetterie de Boulle garnis en bronze doré[1] ».

Le *Catalogue de la vente* de Julliot, autre marchand célèbre[2], mentionne les meubles de Boulle au milieu des « effets » les plus précieux, des anciens laques, des lustres en cristal de roche, des marbres, des bronzes, des agates taillées. Un troisième marchand non moins connu et fort apprécié, lui aussi, Lempereur, dit, en parlant de lui, dans la préface de son *Catalogue* : « Son imagination conduite par le sentiment qu'il avait des belles formes lui fit inventer des ouvrages d'un genre neuf et sur lesquels la mode n'a pas encore exercé son caprice. Les meubles que le luxe ou l'utilité avaient mis de son temps en usage, ont été exécutés par lui sous des formes élégantes, ingénieuses et enrichies d'un travail de marqueterie très recherché et d'ornemens en bronze doré d'un excellent style. »

Du reste, dans toutes les annonces des grandes ventes de ce temps, on réserve à ces beaux ouvrages une place d'honneur. Les *Catalogues* du marquis de Ménars (1766), de M. de Julliennc (1767), de M. de Lalive de Jully (1770), de Randon de Boisset (1777), de l'orfèvre Dubois (1780), du duc d'Aumont (1782), du chevalier Lambert (1787), disent assez dans quelle estime on les tenait. De toutes parts c'est un concert d'éloges sans exemple. Mariette, dont l'opinion était alors décisive, écrit en parlant de notre artiste : « Il passa, dans tous les temps et chez toutes les nations, pour le premier homme de sa profession. Ses meubles enrichis de bronzes

1. *Livre-Journal de Lazare Duvaux*, t. II, p. 170, 176, 184, 340, etc.

2. *Catalogue des marbres, bronzes, etc., composant le magasin de Julliot marchand rue Saint-Honoré.* (Paris, 1777.)

GAINE D'HORLOGE EN MARQUETERIE, IMITATION DE BOULLE.

(Seconde moitié du XVIIIe siècle.)

magnifiques et d'ingénieux ornements en marqueterie sont d'un goût exquis et la mode ne leur fait rien perdre de leur prix. Ils sont plus recherchés que jamais; on veut les imiter et l'on n'en approche point[1]. » Et Mariette ajoute : « Cet artiste joignoit au bon goût la solidité; ses meubles sont aussy entiers après cent ans de service qu'ils l'étoient lorsqu'ils sont sortis de ses mains[2]. » Enfin il n'est pas jusqu'à l'expert Le Brun, qui ne rende pleine justice à cet ébéniste incomparable. « Les amateurs savent que leur annoncer des ouvrages de Boulle, c'est leur citer les meubles des plus belles formes et de la plus grande richesse par les matières précieuses qui les composent, par la perfection des modèles de bronze et la beauté de la dorure. Rien jusqu'à présent n'a remplacé ce genre de meubles; et ce n'est qu'en s'en rapprochant qu'on obtiendra les suffrages du temps et de la postérité[3]. »

On pourrait aisément multiplier ces citations. Mais, sans nous arrêter aux éloges posthumes, il est facile de supposer que Boulle, extrêmement considéré par tout ce qui de son temps faisait autorité en matière d'art, ne devait pas manquer d'arriver dans sa profession à une situation exceptionnelle, extrêmement florissante et à peu près unique. Un très curieux document va nous apprendre quelle était l'importance de son artistique industrie. Ce document, c'est l'*Inventaire* dressé par Boulle lui-même, après l'incendie qui détruisit ses ateliers et réduisit ses magasins en cendres.

1. On ne se priva guère en effet de copier ces belles marqueteries et de s'inspirer des modèles de Boulle. A la *vente de Le Brun* (avril 1791), il se trouva six meubles de ce genre dont trois de première partie et trois de contre-partie. Leurs bas-reliefs très importants avaient été modelés d'après les maquettes de Foucou, sculpteur du roi, et ciselés par Thomire. On sait que cette fabrication s'est continuée jusqu'à nos jours et dans quelles conditions (hélas!)

2. *Abecedario* de P. J. Mariette, t. I, p. 167.

3. *Catalogue de la vente de M. Le Brun* (avril 1791).

CHAPITRE VII

DESSUS DE GUÉRIDON EN MARQUETERIE DE BOULLE.

En 1720, André-Charles Boulle, âgé de soixante-dix-huit ans, s'était adjoint des collaborateurs dévoués pour conduire une entreprise qui semblait un peu trop lourde pour un homme de son âge. Ces collaborateurs étaient ses fils, au nombre de quatre, si nous en croyons le père Orlandi, et qui, « mêlés à ses travaux, n'étaient pas inférieurs comme perfection à leur père, mais, au contraire, très experts dans la connaissance des Beaux-Arts » — au nombre de deux seulement, si nous nous en rapportons aux documents officiels, qui mentionnent uniquement Jean-Philippe et Charles-Joseph. Quant à Boulle, il concentrait ses soins à parfaire sa collection de tableaux, de dessins et d'estampes qui, après lu avoir été extrêmement utile dans l'exercice de sa profession, était devenue pour lui une distraction et une occupation pleine de charmes[1]. Ses

1. Voici, du reste, comment le père Orlandi s'exprime à la page 63 de son *Abecedario* : « La grande unione cumulata di tutte le sorta di disegni d'antichi et modern pittori et di tante stampe gli fu sempre utilissima e chiamava questa maravigliosa raccolta *sorgente deliziosa,* che al presente li serve di diletto e divertimento, avendo

fils habitaient avec lui aux Galeries du Louvre, dans le logement qui lui avait été octroyé par le roi et pour lequel, le 29 mai 1725, tous deux qualifiés « Ebénistes, cizeleurs et doreurs de Sa Majesté », obtinrent ce brevet de survivance, dont nous avons déjà dit un mot. Jusqu'à sa mort, du reste, ils demeurèrent chez leur père, en vertu de ce droit que possédaient les titulaires de ces logements d'avoir avec eux et chez eux les membres de leur famille.

Le 29 août 1720, les fils de Boulle firent, à la tombée du jour, suivant leur habitude, une ronde dans les ateliers paternels pour voir, avant de les fermer, si tout était en ordre. Rien ne leur parut suspect et l'un d'eux déclara plus tard qu'étant retourné dans ces mêmes ateliers à minuit, il n'y avait remarqué aucune trace de feu. A une heure du matin, un sieur Boisdoré, logé vis-à-vis dans la rue Fromenteau, à *la Croix de Lorraine*, se mit à la fenêtre, y resta une demi-heure et n'aperçut, lui non plus, rien d'insolite. Enfin, sur les deux heures du matin, le plus jeune des fils Boulle, ne pouvant dormir à cause de la chaleur de la nuit, se leva, se promena sur la terrasse du jardin qui était devant sa fenêtre et son attention ne fut attirée par aucun incident qui pût faire prévoir un prochain sinistre. Il se recoucha, se rendormit même, et fut brusquement réveillé à trois heures et demie par les cris de plusieurs personnes.

Il se leva précipitamment, ainsi que son frère, et tous deux aperçurent une gerbe de flammes qui, partant des chantiers du sieur Marteau, entrepreneur de menuiserie des Bâtiments du roi, avait communiqué l'incendie à un de leurs ateliers. Le feu trouvait dans cet amas de bois sec un aliment facile. Il fit, en un instant, de tels progrès, qu'il se communiqua à une galerie au bout de laquelle était la chambre d'André-Charles Boulle. Bientôt celle-ci prit feu à son tour, et la marche de l'incendie fut si rapide qu'on ne put presque rien sauver des effets précieux et des œuvres d'art qui ornaient cette chambre, non plus que des collections de dessins et d'estampes que notre artiste y tenait enfermés dans quatre grandes armoires.

Sur les quatre heures, toutefois, les secours commencèrent à arriver. Mais il était trop tard ; le fléau avait déjà accompli son œuvre. La galerie et le logement d'André-Charles Boulle ne formaient plus qu'un brasier.

renunziato i suoi ordegni a quattro suoi figliuoli, i quali, impiegati, nei lavori non sono inferiori di perfezione al padre, ma ben fondati per la cognizione delle buone arti

C'est à peine si les voisins, qui étaient accourus les premiers sur le lieu du sinistre, purent s'emparer de quelques portefeuilles. « Toujours pressé par un feu vif et violent, on fut obligé, écrit Boulle lui-même, d'abandonner aux flammes ce qu'il y avait de meilleur en dessins, estampes, médailles anciennes et modernes et autres curiosités. » La part de l'incendie faite de ce côté, tous les assistants portèrent leurs efforts sur un corps de logis séparé où se trouvaient des ouvrages exécutés pour Louis-Henri de Bourbon, connu dans l'histoire sous le nom de « Monsieur le Duc ». Là on fut plus heureux, et ces beaux spécimens d'ébénisterie purent être sauvés.

COFFRE-COMMODE EN MARQUETERIE DE BOULLE.

(D'après un dessin de Bérain.)

Un peu remis de la terrible émotion que lui causa cet effrayant sinistre, Boulle, qui déjà avant cette époque était assez mal dans ses affaires, prit le parti d'adresser une requête au roi ou, pour parler plus exactement, au Régent qui gouvernait la France, et rédigea un mémoire pour le produire à l'appui de sa demande. Ce mémoire nous a été heureusement conservé [1] et grâce à l'inventaire qui s'y trouve joint il nous

1. Ce précieux document forme un cahier de 21 pages in-folio et se trouve au Cabinet des manuscrits de la Bibliothèque Nationale parmi les papiers de l'architecte de Cotte. (*Suppl. français* 2724, nº 50.) Il a été publié à deux reprises : dans le *Cabinet historique* de M. Louis Paris (nº de juillet 1856, p. 175-188) et dans les *Archives de l'Art français* de la même année (pages 334-349).

est permis de nous rendre un compte assez exact de ce qu'étaient les ateliers et les magasins que Boulle possédait au Louvre.

Tout d'abord, nous pouvons constater que ces ateliers devaient être assez vastes, car ils ne renfermaient pas moins de vingt établis. Sur ces vingt établis, deux étaient occupés par les menuisiers et les dix-huit autres par des ébénistes. Tous étaient pourvus de leur attirail complet, de scies, presses, villebrequins, etc., et par conséquent en pleine activité au moment de l'incendie. Indépendamment de ces vingt compagnons travaillant le bois, Boulle employait encore six bronziers ciseleurs et monteurs, dont les ustensiles et outils furent aussi détruits. Notre artiste évaluait cette première partie de sa perte 4,200 livres.

A côté de ces deux ateliers se trouvait un petit chantier de bois de menuiserie, chêne, noyer, sapin de France et de Norvège, en panneaux et en merrains, qui avaient acquis une valeur relativement considérable à cause du long temps qu'ils avaient passé dans ce chantier et de leur complète sécheresse, — cette sécheresse parfaite contribuait pour beaucoup à la durée et à la solidité des meubles que Boulle fabriquait. — Celui-ci estimait cette provision de bois à 12,000 livres.

Quant aux bois de placages, ils étaient dans un magasin spécial, enfermés dans de grandes boîtes et par conséquent à l'abri des influences atmosphériques. Ces boîtes étaient au nombre de douze et sont ainsi désignées : « Douze caisses de toutes sortes de bois de couleur, rares, servants aux ouvrages de pièces de raport ». Le même magasin renfermait, en outre, cinq caisses de petits panneaux en marqueterie préparée d'avance, représentant des fleurs, des oiseaux, des feuillages et autres dessins d'ornement de toutes sortes de couleurs, qui trouvaient leur place dans la confection des gros meubles.

A ce magasin attenait une petite galerie de 7 mètres de long sur 2 mètres de large, où étaient exposés les modèles de cire, de terre, de plâtre dont Boulle et ses collaborateurs s'inspiraient. Michel-Ange, François Flamand, Girardon étaient abondamment représentés dans cette galerie. Les réductions d'après les meilleures statues antiques y avaient aussi leur place marquée, ainsi qu'un certain nombre de modèles exécutés par Louis Lecomte, sculpteur peu connu aujourd'hui, mais qui eut son heure de célébrité[1]. Qu'on joigne à ces modèles en terre et en

1. Louis Lecomte travailla beaucoup pour Versailles comme sculpteur ornemaniste, et modela des vases de bronze pour le jardin, les ornements des lucarnes, les

plâtre tous ceux que Boulle et ses fils avaient créés, les modèles en bronze de lustres, de bras et de grilles de foyer qu'ils exécutaient couramment, vingt bas-reliefs moulés sur les ivoires de Van Opstal conservés au Cabinet du roi, et l'on ne sera pas surpris que notre artiste ait estimé cette partie de son matériel à 36,000 livres.

DOUBLE VANTAIL DE CABINET EN MARQUETERIE DE BOULLE.
(Galerie d'Apollon, au Louvre.)

Après les ateliers venaient les magasins, où étaient déposés les meubles achevés, et aussi ceux dont la menuiserie et le placage étaient terminés, mais qui n'étaient ni polis ni vernis et n'avaient pas encore reçu leurs bronzes. La liste dressée par Boulle des meubles contenus, au moment de l'incendie, dans ces magasins nous apprend que ceux-ci devaient être également d'une certaine étendue.

trophées de la Grande Galerie. Comme statuaire, on lui doit un certain nombre de figures placées dans des niches décorant le château de Versailles et celui de Clagny. Il est, en outre, l'auteur d'une statue de Louis XIV, dont une gravure de Vermeulen nous a conservé le souvenir.

Les ouvrages qui n'étaient pas de commande, c'est-à-dire qu'il faisait pour la vente courante, étaient représentés dans ce magasin par : « Douze bureaux de six pieds de long, plus ou moins avancés ; — Quinze armoires, dont douze de huit à neuf pieds de haut, fermant à deux portes pleines ; — Cinq serre-papiers de 6 pieds de haut sur quatre de large, à moitié faits ; — Vingt cabinets anciens à plusieurs tiroirs, dont un étoit d'ébène et de pierre de Florence, sur un pied doré ; — Dix commodes de différentes formes et grandeurs ; — Douze coffres avec leurs pieds, de différentes grandeurs, de différents models, plus ou moins avancés ; — Une douzaine et demye de guéridons de marquetterie, garnis de bronzes ; — Douze tables, d'environ 4 pieds de long ; — Six lustres de bronze de différentes formes. »

A cette provision de meubles courants il faut ajouter les ouvrages de commande, alors en cours d'exécution, et qui sont énumérés comme suit : « Premièrement : Quinze boistes de pendulles, presque toutes de differens models, et quasy faites ; — Une grande table, dont le dessus étoit de marbre, de huit pieds de long, avec un pied de marqueterie de cuivre et l'écaille de tortüe et tous les bronzes faits ; — Cinq bureaux de cinq à six pieds de long, de marquetterie d'écaille de tortue et de cuivre, et deux de bois de couleur très avancés ; — Huit commodes différentes de marqueteries de bois violet et autres couleurs, avec des glaces devant les portes, servant à mettre des livres ; — Huit feux ou grilles différentes pour des cheminées, sur des models neufs ; — Neuf paires de bras de différentes grandeurs et différentes façons ; — Deux lustres de bronze à huit branches ; — Deux médaillers de trois pieds et demi de haut. »

Ces derniers ouvrages, s'ils eussent été achevés, auraient représenté, au dire de Boulle, une somme de 90,000 livres sur laquelle il avait reçu 18,000 livres à-compte. Les autres étaient estimés par lui à 30,000 livres. Ainsi, en nous en tenant à son appréciation, l'ensemble de ses ateliers et magasins, avec le matériel, les modèles, les approvisionnements, les ouvrages finis et travaux en cours, pouvaient être estimés à 180,200 liv., de laquelle somme il convient de déduire les 18,000 livres d'avances qu'il avait reçues, soit net 162,000 livres qui constituaient, pour un industriel de ce genre et de ce temps, et vu le pouvoir que l'argent avait alors, une mise de fonds relativement considérable.

Toutefois, ce n'était là que la plus faible partie de l'avoir de Boulle.

CABINET EN MARQUETERIE DE BOULLE.

(Galerie d'Apollon.)

Le plus clair de son bien, il l'avait placé dans ces collections de tableaux, de dessins et d'estampes dont le père Orlandi nous a déjà entretenus, et qu'il nous signale comme sa distraction préférée et la consolation de sa vieillesse. L'inventaire que nous venons de citer totalise, en effet, la perte causée par l'incendie de 1720 à 370,770 livres. Les collections, ou du moins ce qui en avait été détruit, était donc évalué par Boulle à 208,570 livres, et cette réunion d'objets d'art mérite d'autant plus que nous en disions quelques mots qu'elle joua, nous le verrons bientôt, un rôle capital dans la vie de notre artiste.

Mais avant d'aborder ce sujet, et pour en finir avec son installation au Louvre, nous aimerions à reconstituer l'emplacement occupé par le logement de Boulle et par ses ateliers. A plusieurs reprises les biographes de notre grand artiste se sont préoccupés de cet emplacement, et il ne paraît pas qu'aucun d'eux ait découvert ce qu'il cherchait. Plus heureux, nous avons pu, d'une étude attentive des plans du Louvre à cette époque et des documents déjà connus, tirer un certain nombre de renseignements précieux et à peu près décisifs. Nous allons les résumer en quelques lignes.

Nous avons vu que Boulle avait été établi au Louvre dans le quinzième logement précédemment occupé par J. B. Macé et par Laurent Stabre. Ce logement était contigu au quatorzième concédé à Eusèbe Renaudot, le directeur de *la Gazette*. Le *Tableau des illustres logis dans la grande galerie du Louvre*, publié dans les différentes éditions du *Guide*, de Germain Brice, constate qu'en 1698 (3e édition), 1701 (4e édition), 1706 (5e édition), 1713 (6e édition), 1718 (7e édition), 1725 (8e édition), cette mitoyenneté n'avait pas cessé d'exister. Or, la *Description de la ville et des fauxbourgs de Paris en 24 planches dressées et gravées par les ordres de M. d'Argenson* et publiée en 1714 par Jean de la Caille, porte que le « Bureau de l'imprimerie de *la Gazette*, où elle se distribue », était situé « rue Frementeau », c'est-à-dire que le quatorzième logement et son voisin le quinzième se trouvaient dans le cul-de-sac, qui existait à cette époque, entre la galerie d'Apollon et la Grande Galerie. En outre, en feuilletant attentivement les papiers de l'architecte Robert de Cotte, conservés au Cabinet des Estampes, nous avons découvert un *Mémoire pour accompagner le plan des logements du Louvre au 1er juillet 1708*, qui fournit quelques indications complémentaires. Au nº 85 de ce *Mémoire*, répondant naturellement à une des divisions du plan qui malheureusement a disparu, nous relevons la mention suivante : « Dehors du Louvre — Boulle, ébéniste, occupe un atelier et son logement au-dessous de l'Académie de peinture et de sculpture, — accordé par M. Colbert. » La dernière partie de la phrase signifie que c'est à Colbert que Boulle était redevable de son logement, ce que nous savons déjà par son brevet. On peut conclure de là que Boulle occupait encore en 1708 l'emplacement qui lui avait été concédé dans le principe, et que cet emplacement était situé dans un des bâtiments annexes qu'on avait en quelque sorte greffés sur le grand massif du Louvre, au-dessous de l'Académie de peinture, qui détenait la galerie d'Apollon.

Est-ce dans cet atelier que commença l'incendie ? Non pas, car nous retrouvons dans le même *Mémoire* de 1708 cette autre mention consignée sous le n° 76 : « Ruine des bâtiments démolis et donnés en compte à Mazière et Bergeron, entrepreneurs du Louvre, dont les héritiers louent à Boulle à leur profit 200 livres », et immédiatement après cette note en vient une autre portant le n° 77 : « Chantier à Marteau, menuisier du roi ». Or nous savons que c'est précisément dans ce chantier que l'incendie éclata tout d'abord, et que de là il se communiqua à l'atelier de notre artiste. C'est donc par les bâtiments que Boulle avait édifiés pour lui servir d'ateliers, sur l'emplacement loué aux sieurs Mazière et Bergeron, que le feu commença de prendre. Ces bâtiments en pans de bois étaient légèrement construits. En un instant, tout dut être en flammes. Les matériaux de démolition entassés là fournirent vraisemblablement un aliment nouveau à l'incendie. Mais, toujours d'après le *Mémoire* de 1708, le chantier du sieur Marteau et l'emplacement occupé par Boulle étaient « sur la place devant le Louvre », par conséquent à une certaine distance de son logement. On est donc amené à supposer que ce logement communiquait avec l'atelier en combustion par la petite galerie des modèles dont il a été parlé, et que c'est par cette galerie construite également en planches, que le feu se propagea jusqu'à la chambre de Boulle. Quant à l'autre atelier situé en « un corps de logis séparé », il fut préservé, et c'est là que se trouvaient les meubles du duc de Bourbon qu'on parvint à sauver et dont il est fait mention dans l'*Inventaire*.

Quelle fut la cause de ce déplorable incendie, qui dévora en quelques heures tant d'œuvres si précieuses et si rares ? On n'a pu le savoir au juste. Il fut imputé à la malveillance. La « *Voye publique* » l'attribua à

DÉTAIL DU PANNEAU INTÉRIEUR D'UN DES VANTAUX
DE LA GRANDE ARMOIRE DE BOULLE, CONSERVÉE AU LOUVRE.

GRANDE ARMOIRE EN MARQUETERIE DE BOULLE, ORNÉE DE BRONZES DORÉS.
(Palais du Louvre.)

« un quidam qui, ayant volé chez le sieur Marteau » deux mois plus tôt et ayant été pris sur le fait, « avait été attaché par les ouvriers à un poteau pendant trois ou quatre heures et avait menacé, tost ou tard, de s'en venger[1]. »

1. *Archives de l'Art français, Documents*, t. IV, p. 335.

DESSUS DE GUÉRIDON EN MARQUETERIE DE BOULLE.

CHAPITRE VIII

PANNEAU DE CABINET
EN MARQUETERIE DE BOULLE.

En même temps que son matériel industriel et ses meubles achevés ou en cours d'exécution, le malheureux artiste, nous l'avons dit, vit disparaître, dans cette conflagration funeste, la meilleure partie des richesses artistiques qu'il avait accumulées dans la chambre qu'il habitait.

Ces collections, à la fois étonnamment précieuses et considérables comme nombre et comme choix, si nous nous en rapportons à l'*Inventaire* que Boulle dressa lui-même, consistaient en une réunion tout à fait exceptionnelle d'estampes et de dessins, enfermés dans une suite de très vastes armoires. Mais laissons la parole à notre artiste :

Dans la première armoire, de neuf pieds de haut sur six de large, de la chambre du sieur Boulle père, étoient, dans des porte-feuilles de trois pieds et deux pieds 1/2 papier de grand aigle, tous les desseins et estampes de tous les plus grands maîtres qui ont excellés en peinture, sculpture, dessein et gravure, le tout estimé 60,000 livres, qu'on a voulu troquer au sieur Boulle pour une terre et métairie de vingt mil écus.

La seconde armoire, de neuf pieds de haut sur six de large, contenoit tous les desseins des maistres françois comme de M. Le Brun, Verdier, Loir, Cotelle, Anguerre,

Sarazin, Lemoine, Perier, Melan, Errard, Vilquin, Monier, Lichery, Bonnet, Bourdon, Coipel, Dudot, de Vauroze et autres, tous enfermés dans des porte-feuilles de trois pieds de long, papier du grand aigle, estimés 16,980 livres.

Dans la mesme armoire, sur une autre colonne, étoient rangés, dans des porte-feuilles de deux pieds et demi, toutes les estampes, choisies avec soin, répétées plusieurs fois, d'un grand nombre de maistres d'Italie, comme Michel-Ange Bonarotte, André Manteigne, Dominique Barière, Raphael d'Urbin, Bonazone, Parmezan, Silvestre de Ravenne, Beatritius, Eneas Vicus, Marc Antoine, Augustin Venitien, six œuvres entières des Carache, Raphael de Rhége, Ventura Salembène, et autres anciens maistres; les Brugles, les maistres au chandelier, Bourdon, Le Brun, Le Poussin, Stella, Corneille et Boulogne, etc., et un recueil considérable d'estampes et desseins de toutes sortes de veües les plus éloignées, dessignées sur les lieux par différents maistres; sont estimés 18,440 livres.

La troisième armoire, de huit pieds de haut sur cinq de large, contenoit l'histoire des Roys de France, naturelle, secrète et particulière, en desseins et en estampes, et surtout celle de Louis 13 et Louis 14; et plusieurs pièces curieuses qui y avoient raport. Les évènements de chaque temps, les entrées publiques, les pompes funèbres, les pasquinades, les rébus; deux mil desseins de mode de toutes les nations, des charges pittoresques; deux portefeuilles de desseins de Carache, dont une histoire sérieuse et l'autre de pièces libres, — Plusieurs portefeuilles d'estampes en taille douce de généalogie, de différents cabinets de plusieurs curieux particuliers; — Deux assortiments des estampes du Cabinet du Roy, dont sa Majesté avoit gratifié le s[r] Boulle, par les mains de M. Villacerf; — Deux portefeuilles de desseins d'Étienne de la Belle; — Deux portefeuilles des œuvres gravées du mesme auteur; — Deux mil desseins d'étude de Corneille et de Massé; — Deux volumes de desseins très finis du s[r] Champagne; — Un manuscrit italien touchant l'art militaire, dont les figures de trois pouces de haut etoient dessignées par Calot; — Tout le contenu de cette armoire estimé 9,950 livres.

La quatrième armoire qui était elle-même une œuvre d'art de premier mérite, tout en ébène, ornée de bas-reliefs et de corniches de bronze, avec quatre clefs en argent, était, jusqu'aux deux tiers de sa hauteur, divisée en petits tiroirs qui contenaient six mille médailles. Sa partie haute était en outre garnie d'ouvrages relatifs à la numismatique et de recueils de dessins particulièrement précieux. On en comptait quarante-huit « de la main de Raphael » représentant les *Métamorphoses d'Ovide;* deux cent soixante-quinze, tracés par La Belle, figuraient des personnages de ballet et d'opéra. A ces richesses venaient s'ajouter, perte irréparable, un manuscrit de Rubens contenant ses notes de voyages en Italie, en Lombardie et à Gênes, et ses remarques sur la peinture et la sculpture; et vingt-trois autres manuscrits traitant des belles-lettres ou des Beaux-Arts que Boulle avait acquis à la vente de Charles Perrault[1].

1. Charles Perrault était mort en 1703.

Déposés sur les tablettes qui faisaient le tour de la chambre, ou entassés dans des tiroirs de commodes et dans des caisses, se trouvaient une quantité de portefeuilles contenant, le plus souvent en doubles exemplaires, les œuvres des graveurs illustres de ce temps, de Le Pautre, d'Israel Silvestre, de Nanteuil, de Chauveau, de Cornélis Vischer, de Claude Mellan, de Cochin, et des gravures à la manière noire de Smith. Puis venaient des suites des tailles-douces et des bois déjà très rares, d'Albert Durer, une réunion curieuse d'estampes d'après le Titien, Van Dyck, Adrien van Ostade et Le Brun; « toutes celles exécutées d'après les études de Gérard de Lairesse; une quantité prodigieuse de dessins de Wilhem Bawr, de Polemburg, de Waterloo, de Swanenburg, du chevalier Leli, de Sébastien Le Clerc, de Brebiette ». Quinze portefeuilles contenaient des plans de villes et de fortifications, de vues et de paysages de la main même de Vauban. Trois portefeuilles renfermaient des dessins de Mansart. Un carton était plein de croquis représentant des modèles de vaisseaux et de meubles composés par P. Puget, Le Brun et Bérain[1]; et au milieu d'un amas de pièces d'importance moindre, figuraient des recueils factices du plus haut intérêt. Une *Histoire naturelle* de Pline, notamment, en trente-six volumes, augmentée d'une multitude de figures d'animaux, de fleurs, de plantes, etc.; onze mille portraits d'empereurs, rois, princes et autres personnages célèbres; une *Bible* en huit volumes, bourrée de toutes sortes de dessins et de gravures de maîtres différents, se rapportant aux divers passages de l'Ancien et du Nouveau Testament; toute une série de portefeuilles contenant des dessins de machines et de physique, et cinquante-deux grandes cartes roulées.

Aux murailles étaient accrochés une quarantaine de tableaux, du Corrège, de Le Sueur, de Le Brun, de Mignard, de N. Berchem, de Tilborg, de Snyders, de Paul Bril, du Bourguignon, de S. Bourdon, pour ne citer que les principaux. Différents meubles, en outre, renfermaient une profusion de pierres gravées, de bas-reliefs d'or et d'argent, de statuettes de bronze et d'ivoire, des modèles de chapiteaux ciselés par Ballin, des tabatières d'argent, d'acier et d'ivoire, des modèles de clefs en acier et en argent, des émaux, des miniatures, etc. Enfin, nul ne songea à taxer André-Charles Boulle d'exagération quand il estima lui-même

1. Voir ce que nous disons plus haut de la collaboration probable de Bérain et de Boulle.

l'ensemble des objets détruits dans ce néfaste incendie à plus de deux cent mille livres. Aujourd'hui ce chiffre devrait être décuplé.

Hâtons-nous d'ajouter qu'en dehors de ces richesses si malheureusement disparues, Boulle possédait un nombre considérable d'œuvres précieuses qui purent être préservées. « L'incendie, écrit Mariette[1], fit de grands ravages; on ne put presque rien sauver en comparaison de ce qui périt, et cependant ce qui fut soustrait était prodigieux. On en fit une vente publique qui dura longtemps et où furent exposés les tristes restes d'une des plus belles collections qui aient été faites. » Mariette va plus loin encore. Il attribue à cette passion de Boulle les embarras d'argent qui poursuivirent notre ébéniste pendant une bonne partie de son existence. « Cet homme qui a travaillé prodigieusement, écrit-il, et pendant le cours d'une longue vie, qui a servy des roys et des hommes riches, est pourtant mort assez mal dans ses affaires. C'est qu'on ne faisoit aucune vente d'estampes, de desseins, etc., où il ne fut, et où il n'achetta, souvent sans avoir de quoi payer; il falloit emprunter, presque toujours à gros intérêt. Une nouvelle vente arrivoit, nouvelle occasion pour recourir aux expédiens. Le cabinet devenoit nombreux, les dettes encore davantage, et pendant ce temps le travail languissoit. C'étoit une manie dont il ne fut pas possible de le guérir ».

Mariette était trop bien renseigné sur le compte de Boulle pour que nous n'ajoutions pas une foi entière à ce qu'il nous dit, mais il faut bien admettre aussi que le manque d'ordre fut pour quelque chose dans ces embarras sans cesse renaissants, ou bien que notre artiste commença très jeune de collectionner avec fureur, car presque au lendemain de son mariage, il se trouva aux prises avec des difficultés d'argent. Jal[2], étonné de voir Boulle, qui avait obtenu d'être logé au Louvre, prolonger son séjour au faubourg Saint-Germain, s'est posé cette question : « Pourquoi Boulle n'occupa-t-il pas tout de suite l'appartement agrandi dont ses brevets lui assuraient la jouissance? Je ne saurais le dire. Ce qu'il y a de certain, c'est que sa femme accoucha de son troisième fils au faubourg Saint-Germain et que ce fut seulement entre 1685 et 1688 qu'il alla s'établir au Louvre. » Jal commet une erreur. Notre artiste n'eut garde de ne pas occuper de suite son logement du Louvre, mais il l'occupa en y installant ses ateliers. Le privilège qui lui était con-

1. *Abecedario*, t. I, p. 167.
2. *Dictionnaire critique de biographie et d'histoire*, p. 265.

PENDULE MONUMENTALE AVEC SA GAINE
EN MARQUETERIE DE BOULLE.
(Anciennes collections du palais de San Donato.)

cédé, nous l'avons dit, ne présentait pas seulement l'avantage de lui assurer un local gratuit, il lui permettait d'exercer ses talents en dehors du contrôle étroit et gênant des Communautés, de se soustraire aux visites des jurés et syndics, et d'embrasser plusieurs professions dont la pratique simultanée était interdite par les règlements régissant les corporations.

On aura remarqué que, sur son brevet de logement au Louvre, Boulle est qualifié « Ébéniste faiseur de marquetterie, ciseleur et doreur ». Or Savary des Bruslons [1] parlant des ébénistes, et après avoir soigneusement énuméré tous les ouvrages rentrant dans leur compétence, dit expressément : « Ce sont eux qui posent les bronzes (dont leurs meubles sont ornés) mais ce sont les fondeurs ou sculpteurs qui les jettent en moule et qui les réparent, et les doreurs sur métal qui les dorent soit d'or en feuille soit d'or moulu ». Et ce passage de Savary est confirmé par l'intervention constante dans les *Inventaires* des ébénistes et dans leurs *Règlements de Comptes*, d'artisans appartenant à des industries différentes, qui devenaient par suite de la division réglementée du travail les collaborateurs obligés du producteur principal. Ces sortes de documents « nous révèlent, en outre, comment il arrive souvent que des meubles sortis de diverses maisons ont un caractère analogue, et présentent un air de famille. Le même fondeur ayant fourni des modèles à deux concurrents, ceux-ci ont été amenés à recourir aux mêmes formes générales pour les bien faire valoir. Ils font comprendre enfin comment les ébénistes favorisés, logés par le roi au Louvre ou aux Gobelins, pouvaient produire des meubles plus parfaits que leurs confrères de la capitale. N'étant pas soumis à l'observation étroite des règlements corporatifs ces artisans favorisés pouvaient, en effet, avoir à demeure chez eux des modeleurs, des sculpteurs, des ciseleurs, des fondeurs qui travaillaient exclusivement pour eux, d'après leurs besoins et sur leurs indications, ou même, quand le génie les servait ils pouvaient être tout cela par eux-mêmes, et sans le secours d'autres artistes [2]. »

On voit de suite quel avantage énorme Boulle devait trouver à occuper son logement au Louvre. L'importance considérable que les bronzes ciselés et dorés prennent dans ses meubles ; le rôle capital qu'ils y jouent soit comme motifs principaux, soit comme ornements acces-

1. *Dictionnaire général de commerce*, à l'art. *Ébéniste*, t. II, col. 178.
2. *Dictionnaire de l'ameublement et de la décoration*, t. II, col. 227.

soires; les bas-reliefs, masques, couronnements, frises, encadrements, baguettes, etc., dont il décore si magnifiquement ses beaux panneaux où l'ébène et l'étain marient leurs colorations contrastantes, constituaient assurément des raisons suffisantes pour lui faire souhaiter de pouvoir se dérober au joug de collaborateurs étrangers. Bien mieux, sitôt installé dans les galeries, il s'appliqua à modeler, à fondre, à ciseler et à dorer des chenets, des candélabres et des lustres, c'est-à-dire des objets mobiliers qui ne rentraient pas dans l'ébénisterie, et par la confection desquels il s'acquit une prompte renommée. Différents documents cités plus haut montrent que, même après sa mort, ses bras et ses candélabres demeurèrent extrêmement recherchés. Il n'y a donc pas à se demander avec Jal pourquoi il tarda tant à venir s'installer au Louvre, mais comment il se décida à abandonner le faubourg Saint-Germain où il avait son appartement particulier, et à prendre, sur l'emplacement occupé par ses ateliers, les locaux nécessaires pour l'installation de sa famille. Eh bien! cette raison nous la connaissons aujourd'hui. Ce sont les embarras d'argent qui le forcèrent à renoncer à son domicile personnel; ce sont les difficultés pécuniaires qui l'obligèrent à venir chercher au Louvre un logis moins accessible à ses créanciers de toutes sortes.

Dès 1684, en effet, nous voyons Boulle poursuivi par les réclamations acerbes et les dettes criardes. Le 28 mars de cette même année, un aubergiste du voisinage fait informer contre lui au sujet de la nourriture de certains de ses ouvriers pour lesquels il a répondu, et qu'il refuse de payer. Nicolas Parizot, commissaire au Châtelet de Paris, est chargé à la requête d'un nommé François Béguet (alias Bédier) de faire une enquête. L'illustre Girardon, son voisin aux Galeries du Louvre, interrogé, constate que les réclamations de Béguet datent de six mois, qu'elles ont été renouvelées à maintes reprises, et que Boulle a toujours demandé du temps. Un des collaborateurs de l'órfèvre Germain, Charles du Hontoir, va plus loin et déclare que notre ébéniste, lors du règlement de leurs gages, a retenu aux nommés Gérard, Cieppe et Gaspard, ses ouvriers, le montant des dettes contractées par eux et qu'il refuse ensuite d'acquitter. Tout cela semble quelque peu misérable.

L'année suivante, ce n'est plus par un aubergiste que Boulle se trouve relancé, mais par ses propres ouvriers qui lui réclament le paiement de leurs gages; et le 20 mars 1685, à leur requête, intervient une sentence de la Prévôté qui mérite d'être consignée ici *in extenso*, parce qu'elle nous révèle les noms des principaux collaborateurs de notre grand artiste.

Après avoir veu les pièces sur le bureau et entendu les partyes en la Chambre du conseil, nous avons condamné la partye de Colleau à payer à celle de Loys[1], les journées à eux deubz pendant le temps qu'ils ont travaillé pour la partye de Colleau, sçavoir : A Jacques la Neuville 73 liv. pour ses journées, en rapportant main levée de la saisye faite par la veuve Bocquet; à Jean Saint-Yves la somme de 53 liv.; Antoine Aztigues 45 liv., à la desduction de 34 liv. qu'il est convenu d'avoir reçeu; Maurice Degra 67 liv. à la desduction de 3 liv. qu'il est convenu avoir reçeu; Ulrich Cemelmer, la somme de 105 liv.; Leo Rhindorffe, 58 liv. 9 s.; Simon Chotepot la somme de 60 liv., à la desduction de 3 liv. qu'il est demeuré d'accord avoir reçeu; Adam de Vaux, la somme de 60 liv.; Michel Chastelier, la somme de 30 liv.; à Joseph Lutier 9 liv. 3 s.; à Léo Veneman la somme de 20 liv. en affirmant par eux que lesd. sommes leur sont bien légitimement deubs. Et à l'esgard de Zacarie Strague, Dominique Poulain, Jean Maugin et Denis Desforges, ordonons que, dans lundy pour tout dellais, la partye de Colleau sera tenu d'arrester compte avecq eux et leur payer le reliqua, sinon dès à présent, et en vertu de la présente sentence, sans qu'il en soit besoing d'autre, ordonnons qu'il payera aud. Strague la somme de 193 liv.; aud. Poulain 25 liv.; aud. Maugin 82 liv. 10 s, et aud. Desforges 62 liv. 10 s., en affirmant par eux que les sommes leur sont entièrement deubz. Avons donné acte ausd. Neufville, Sainct-Yves, Oztigues, Maurice de Grea, Cemdelme, Rhindorfe, Chotepot, De Vaux, Chastelier et Veneman de leurs affirmations; en conséquence la sentence exécutée à leur esgard et condamne la partye de Colleau aux despens, chacuns à leur esgard, que nous avons liquidéz à 30 s., non compris le coust de la présente sentence, despens réservéz à l'esgard de Strague et consors jusqu'après l'affirmation exécutée sans préjudice de l'appel[2].

Boulle ne se priva point d'user de la faculté que lui laissait la dernière phrase de cette désagréable sentence. Il appela de la décision des prévôts de l'hôtel et le 31 décembre 1685, une nouvelle sentence fut rendue qui, mettant « l'appellation à néant », ordonnait que le premier jugement sortît « son plein et entier effect » et condamnait l'appelant aux dépens et à une amende de 12 livres.

Une fois engagé dans cette voie déplorable, Boulle ne devait plus s'arrêter. Bientôt ce n'est plus seulement avec ses ouvriers et leurs gargotiers qu'il est en procès, mais avec ses clients les plus riches et les plus distingués. En 1696, notre artiste avait eu cette bonne fortune de

1. Il n'est pas besoin de faire remarquer que « la partie de Colleau » c'est Boulle lui-même, alors que Loys représente « plusieurs ouvriers ».

2. *Nouvelles Archives de l'Art français*, 1880-81, p. 317. Nous avons cru devoir reproduire ce document dans sa teneur textuelle et avec les variantes assez singulières d'orthographe que le scribe officiel adopte pour les noms des collaborateurs de Boulle.

devenir le fournisseur de Crozat l'aîné ou « le riche », comme on l'appelait alors, et qui après avoir longtemps habité sur la place des Victoires, se faisait construire un hôtel sur la place Vendôme. Crozat avait commandé à Boulle quatre piédestaux, deux armoires et un socle qui devaient être placés dans son cabinet. Il lui avait fourni les modèles de ces beaux meubles et lui en avait remis les mesures exactes. En outre, connaissant son homme, il lui avait fait des avances assez importantes contre nantissement de meubles et d'objets d'art. Malgré cela, Boulle ne s'exécutant pas, le 20 décembre 1697, une première assignation lui fut signifiée ;

COMMODE DE BOULLE, A TIROIRS.
(D'après un dessin de Bérain.)

puis la chicane commença à faire des siennes. On entra en contestation sur les mesures données et sur celles auxquelles notre artiste s'était conformé. Des experts furent nommés. Il se trouva que Boulle avait fait ses meubles trop larges d'environ six pouces. Il dut les réduire et finalement perdit son procès et son client[1].

Il serait oiseux de suivre notre grand ébéniste dans toutes ces contestations. C'est par ses œuvres et non par ses procès que Boulle est célèbre. Bornons-nous à constater qu'en 1702 ses affaires n'étaient point en meilleur état, car, par une lettre datée du 10 mai de cette année, Chamillard informait Jules Hardouin Mansart qu'une « nouvelle surséance » était accordée à notre artiste « pour le payement de ses

1. *Archives de l'Art français, Documents*, t. IV, p. 329.

debtes ». Deux ans plus tard, il n'avait pas encore pu faire honneur à ses engagements, car Pontchartrain écrivait à Mansart (29 août 1704) :

Monsieur, les créanciers du nommé Boulle, ébéniste, qui ont des contraintes par corps contre luy, demandent la permission de les faire exécuter dans le Louvre; et comme il a esté un temps que le Roy et Monseigneur devoient des sommes assez con-

COFFRE EN MARQUETERIE DE BOULLE.

(Collection de M. H. L. Bischoffsheim, à Londres.)

sidérables à cet ouvrier, Sa Majesté m'a ordonné de sçavoir de vous ce qui s'est passé depuis et s'il luy est encore deu quelque-chose.

Et Mansart répondait à Pontchartrain :

Monsieur, le Roy a bien voulu accorder encore, pour cette fois, à Boulle, ébéniste, un arrest de surséance, pour six mois, pour luy donner lieu d'acquitter le reste de ses créanciers, à condition que ce sera la dernière grâce que Sa Majesté luy fera là dessus;

je vous supplie d'en prendre l'ordre de Sa Majesté, et de me croire, avec un attachement très respectueux [1].

Enfin on verra plus loin que l'un des fils de notre artiste, s'étant rendu en 1725 à Fontainebleau, y fut appréhendé au corps pour une réclamation de 12,000 livres, et enfermé dans les prisons du roi. Ainsi, pendant les deux tiers de sa vie, Boulle se vit en proie à une persistante détresse. Ses créanciers le harcelèrent jusqu'à sa dernière heure, et l'on peut dire qu'il mourut chargé d'années et de dettes. Il s'éteignit, en effet, à quatre-vingt-dix ans, et son acte de décès, qui figure sur les *Registres* de Saint-Germain-l'Auxerrois, fut ainsi rédigé :

Mars 1732. Du Samedy premier. André-Charles Boulle, ébéniste du Roy, veuf d'Anne-Marie Le Roux, âgé de quatre-vingt-dix ans ou environ, décédé hier à neuf heures du matin en son appartement aux galleries du Louvre, a été inhumé en présence de Jean-Philippe Boulle, de Pierre-Benoît Boulle, d'André-Charles Boulle et de Charles-Joseph Boulle, tous les quatre ébénistes du Roy et fils du deffunct; et ont signé : — Boulle — Boulle de Sève — Boulle le Jeune — Boulle — Rouget.

Ses obsèques eurent lieu le lendemain. On l'enterra très simplement dans le petit cimetière, qui entourait alors l'église Saint-Germain-l'Auxerrois. Il ne paraît pas que ses fils aient pris soin d'élever un monument, même modeste, à sa mémoire. En 1760, on reconnaissait encore les tombes d'un grand nombre d'artistes qui, après avoir habité aux Galeries du Louvre, étaient venus chercher à l'ombre de la vieille église un repos définitif. Jacques Stella et sa nièce Claudine Bouzonnet, Jacques Sarrazin, Israel Silvestre, les architectes Louis Levau et François d'Orbay, le miniaturiste J. Bailli, Van den Bogaert, Antoine Coyzevox, Bérain, Houasse, Noel et Antoine Coypel, l'orfèvre Claude Ballin, le médailliste Jean Varin, le peintre J. B. Santerre dormaient là de l'éternel sommeil. Leurs épitaphes n'avaient point cessé d'être lisibles; celle de Boulle avait déjà disparu, et cependant il était mort sans avoir connu les amertumes d'un oubli anticipé.

Jusqu'à sa dernière heure il avait vu ses travaux recherchés, son mérite apprécié, son talent estimé, et le *Mercure*, assez avare de ces sortes de réclames pour les gens non titrés, lui avait consacré une nécrologie élogieuse : « André-Charles Boulle, natif de Paris, architecte, peintre et sculpteur en mosaïque, ébéniste, ciseleur et marqueteur ordinaire du Roy, né en l'année 1642, le 10 novembre, est mort le

1. *Correspondance administrative de Louis XIV*, t. II, p. 843.

17 février 1732 à Paris, dans les galleries du Louvre où il avoit l'honneur d'être logé depuis l'année 1672. Cet illustre artiste, dont le mérite étoit connu en France et dans les pays étrangers, est infiniment regretté par les amateurs des Beaux-Arts. Il laisse des fils de sa profession, héritiers de ses talents et de son logement aux galleries du Louvre. »

Ainsi la vieillesse, comme la vie de ce grand artiste, fut partagée entre le juste hommage que ses admirateurs rendaient à ses travaux, et les incessantes réclamations de ses créanciers toujours déçus et toujours acharnés au recouvrement de leurs créances.

LES FILS D'ANDRÉ-CHARLES BOULLE

DESSUS DE GUÉRIDON EN MARQUETERIE DE BOULLE.

Ainsi que nous venons de le voir, l'acte de décès de notre illustre ébéniste fut signé par quatre de ses fils : *Jean-Philippe*, *Pierre-Benoît*, *Charles-André* et *Charles-Joseph*. Tous quatre exerçaient la profession paternelle. Deux travaillaient avec leur père aux Galeries du Louvre, et avaient obtenu la survivance de son logement. Cette survivance avait été attribuée à *Jean-Philippe* et *Charles-Joseph* par un brevet du 29 mai 1725, qui les qualifiait : « Ebénistes, ciseleurs et doreurs pour Sa Majesté ». Ce brevet nous apprend en outre que tous deux habitaient déjà avec Boulle. Le récit de l'incendie de 1720 parle d'un troisième frère logeant à cette époque dans ce même appartement du Louvre; mais on ne nous dit pas lequel. Ce que nous savons, par exemple, c'est que *Charles-André* ouvrit un atelier à peu près vers ce temps, non loin de la barrière de Sèvres, et que Pierre-Benoît alla s'établir au faubourg Saint-Antoine, qui commençait, dès cette époque, à prendre une importance considérable dans le commerce de l'ameublement.

Indépendamment de ces quatre fils qui lui survécurent, André-Charles Boulle eut de sa femme Anne-Marie Le Roux plusieurs autres enfants, une fille notamment qui, nous l'avons dit, reçut les prénoms de Constance-Légère, un cinquième fils nommé Nicolas, né en 1679 et mort en 1688, et enfin un dernier fils, Henri-Auguste, qui fut baptisé le 16 août 1690. Nous n'avons pas, à cette place, à nous occuper de ces divers enfants, qui vraisemblablement moururent jeunes, et en tout cas n'exercèrent point la profession paternelle.

Parlant de *Jean-Philippe* et de *Charles-Joseph* qui furent, jusqu'à sa dernière heure, les collaborateurs assidus de leur père, le *Mercure* — nous venons de le voir — disait qu'il laissait « des fils de sa profession héritiers de ses talents[1] ». Mariette, moins généreux et peut-être plus compétent, écrit : « Les fils qu'il a laissés n'ont été que les singes de leur père »[2]. Il est assez difficile d'accorder deux opinions aussi contradictoires. La vérité est peut-être à chercher entre ces deux assertions extrêmes. Sans atteindre à la perfection géniale de leur père, ces quatre frères furent sans doute d'excellents ébénistes, et leurs ouvrages très recommandables furent vraisemblablement appréciés de leurs contemporains. Pour les pouvoir juger en connaissance de cause, il nous faudrait avoir sous les yeux un certain nombre de meubles conçus et exécutés par eux, et les comparer à ceux de leurs concurrents. Malheureusement, si l'œuvre de Boulle est impossible à cataloguer, celui de ses fils échappe encore davantage aux investigations que l'on pourrait tenter. Tout contrôle devient donc impossible. Aussi nous bornerons-nous, pour terminer cette monographie, à donner, sur chacun des quatre frères, les détails biographiques que nous avons pu réunir.

1. Numéro de mars 1732, p. 552.
2. *Abecedario*, t. I, p. 167.

GRANDE ARMOIRE EN MARQUETERIE DE BOULLE, ENRICHIE DE BRONZES DORÉS.

(Palais du Louvre.)

JEAN-PHILIPPE BOULLE

C'est celui qui nous est le moins connu. Il a laissé dans les archives peu de traces de son passage en ce monde. Jal a cherché vainement son acte de naissance. On sait seulement que, le 16 août 1690, il servit de parrain à son jeune frère Henri-Auguste. Quel âge avait-il à cette époque? L'acte que nous citons ne le dit pas. En 1720, lors de l'incendie, il habitait avec son père, et prit une part active au sauvetage des meubles et des collections. Le 29 mai 1725, il obtint, ainsi que nous l'avons vu plus haut, la survivance pour lui et pour son frère Charles-Joseph du logement du Louvre. Cette grâce royale ne parvint pas, toutefois, à le mettre bien dans ses affaires, car, en cette même année il fut appréhendé au corps à Fontainebleau et enfermé pour dettes dans la prison royale de cette ville. La somme qui lui était réclamée par ses créanciers s'élevait à 12,000 livres. Quelques mois plus tard il fut élargi, à l'occasion du mariage de Louis XV et de Marie Leckzinska [1].

En 1732, Jean-Philippe vivait encore, puisqu'il signa l'acte de décès de son père. Mais c'est la dernière trace qu'on ait de lui. En 1741, il avait cessé d'exister, car à la mort de son frère Pierre-Benoît, advenue cette année-là, il ne figura pas parmi les héritiers appelés à se partager la succession fraternelle.

1. Archives nationales (O I, 1063, p. 247). *Nouvelles Archives de l'Art français* (1873, p. 86). — Bibliot. nat. Ms. français, 7658, f° 504, v°. — *Revue de l'Art français* (avril 1885, p. 56).

PIERRE-BENOIT BOULLE

Pierre-Benoît Boulle, qui, si nous en croyons l'ordre des signatures figurant sur l'acte de décès de notre grand artiste, fut le second de ses quatre fils, exerça lui aussi la profession paternelle et fut même autorisé à prendre le titre d'Ébéniste du roi. Mais il ne travailla point au Louvre. Entre 1720 et 1725, il quitta l'atelier des Galeries, et alla s'établir au faubourg Saint-Antoine. C'est là qu'il mourut, le 20 mai 1741, dans une situation du reste très précaire. A la requête de deux de ses frères, Charles-André et Charles-Joseph, les scellés furent apposés sur son maigre mobilier; et l'acte d'apposition, dressé par le commissaire Jérome-Jean Rémy, nous apprend qu'il occupait, dans une maison appartenant à un marchand de bois nommé Moreau, un petit appartement prenant vue sur le jardin et situé au cinquième étage [1].

Le mobilier d'une simplicité rudimentaire, qui garnissait les trois ou quatre pièces de ce modeste logement, la précaution que la femme de Pierre-Benoît avait prise de ne point admettre la communauté de biens sur son contrat de mariage, la déclaration que firent les trois frères du défunt, demandant qu'il ne fût dressé « aucun inventaire, prisée ni description » des objets placés sous scellés, prouvent assez que l'héritage laissé par ce brave artisan était à peu près insignifiant. On en peut donc conclure que Pierre-Benoît avait mal réussi dans ses affaires, et dès lors il ne faut pas s'étonner que nous ayons sur lui fort peu de renseignements. Les seuls détails d'état-civil que l'on ait pu recueillir nous apprennent qu'il se maria en 1733, épousa Élisabeth Bellard, veuve en premières noces de Nicolas Vié de Savigny, et mourut sans enfants.

1. *Nouvelles Archives de l'Art français*, nouvelle série, t. V (*Scellés et Inventaires d'artistes*), p. 2 et suiv.

Ajoutons que, malgré le nom sonore de son premier mari, Élisabeth Bellard était d'extraction modeste et d'éducation peu soignée. La levée des scellés, effectuée le 25 mai 1741, constate que la veuve de Pierre-Benoît ne savait « ecrire ny signer ». A cette époque, cependant, même chez les artisans, les femmes complètement illettrées commençaient à se faire rares.

CHARLES-ANDRÉ BOULLE

Des quatre frères, c'est celui-là qui paraît avoir eu le plus de talent. Il porta, lui aussi, le titre d'Ébéniste du roi, et, pour se distinguer de ses frères, il se fit appeler *Boulle de Sève*. Ce surnom singulier était emprunté au quartier où notre artiste avait ses ateliers et ses magasins. Les uns et les autres étaient situés rue et barrière de Sèvres (on écrivait alors Sève). Ce prolongement de son nom, nous révélant la ferme volonté d'éviter toute confusion avec les Boulle des Galeries du Louvre, laisse croire que les produits de Charles-André devaient être appréciés de la riche clientèle à laquelle ils étaient destinés.

Notre ébéniste avait, comme son père, fait de fortes études. Né le 11 décembre 1685, dans la maison que sa famille occupait encore au faubourg Saint-Germain, il fut baptisé le lendemain à Saint-Sulpice. De bonne heure, il suivit les cours de l'Académie et, en 1709, à l'âge de vingt-quatre ans, il entra en loge et concourut pour le Prix de Rome. Cette année ce fut François Dumont qui emporta le premier grand prix. Charles-André Boulle n'obtint que la seconde place[1]. De ce séjour à l'Académie, notre ébéniste conserva des relations assez suivies avec un certain nombre d'artistes en vue.

Ces amicales fréquentations lui valurent même de se trouver compromis dans une affaire de duel ou d'assassinat, qui eut lieu le 16 avril 1741. Ce jour-là plusieurs artistes, les peintres Charles Parrocel, conseiller de l'Académie; Étienne Portreau, peintre de paysages et membre de l'Académie; Ignace Bokelman, peintre en titre du prince de Carignan; le joaillier André Herlest; le sculpteur anversois, Michel

1. *Liste des élèves de l'ancienne École académique et de l'École des Beaux-Arts qui ont remporté les grands prix depuis 1663 jusqu'en 1857*, par M. A. Duvivier, de l'École des Beaux-Arts.

Van der Voort, qui, après avoir remporté le premier prix en 1728, avait été agréé comme membre de l'Académie en 1731; G. F. Schmidt, Prussien de naissance, mais qui allait bientôt être reçu académicien comme graveur[1]; le peintre Chantreau, qui travaillait pour le roi de Danemark, et le marchand de tableaux Godefroy, tenant boutique « vis-à-vis la principale porte de Saint-Germain-l'Auxerrois », s'étaient réunis pour dîner chez un traiteur établi à l'enseigne de la *Galère d'Avignon*, dans la rue Saint-Thomas-du-Louvre. Charles-André Boulle, qui avait rencontré Godefroy, Bokelman et Herlest à l'entrée du Palais-Royal, était de la partie et figurait, lui neuvième, dans cette réunion joyeuse. A la sortie du restaurant, Godefroy et Chantreau se prirent de querelle et Godefroy fut frappé d'un coup d'épée en pleine poitrine qui l'étendit raide mort. Charles-André dut comparaître comme témoin et sa déposition nous a été conservée[2].

Il ne paraît pas toutefois que cette fréquentation, non plus que le surnom pris par lui, aient beaucoup aidé notre ébéniste à parvenir à la fortune. Quatre ans seulement après la mort tragique de Godefroy (le 28 juillet 1745), Charles-André mourait à son tour, laissant une situation des plus embarrassées. Contrairement à ce qui se produisait généralement en ces occasions funèbres, ce ne fut point un de ses parents, mais bien un de ses créanciers qui fit apposer les scellés sur son maigre mobilier. A la première nouvelle de sa mort, Pierre Camus, procureur au Parlement de Paris, auquel, depuis 1741, il devait près de 2,000 livres, s'empressa de prendre toutes les mesures conservatoires. Le commissaire Parent se transporta rue de Sèvres, près de la barrière, au domicile du défunt et, au moment d'accomplir son ministère, fut informé que Charles-Joseph Boulle était venu le matin même, et s'était emparé de toutes les clefs du défunt.

Pierre Camus, le premier opposant, était propriétaire de la maison de la rue de Sèvres, habitée par Charles-André. Sa créance prouve que notre ébéniste ne payait pas régulièrement son terme. Son opposition, suivie de nombre d'autres, montre également que Boulle était un débiteur assez inexact. Parmi ces créanciers figurent notamment le fondeur Nicolas Boudet, établi rue de la Haumerie; Lambert Huffele, compagnon ébéniste; Pierre Mariette, maître fondeur « rue Marivault »;

1. La réception de G. F. Schmidt eut lieu en 1742.

2. *Nouvelles Archives de l'Art français. Scellés et Inventaires d'artistes*, t. IV, p. 394 et suiv.

DESSUS DE TABLE RECTANGULAIRE, EN MARQUETERIE DE BOULLE.

(Ancienne collection Charles Stein.)

Jacques Cloquemain, maître doreur, rue de la Vieille-Draperie; Joseph Gosson, maître fondeur, rue Grenéta; J. M. Chevalier, maître ébéniste, rue de Grenelle; Julien Le Roy, maître horloger; Étienne Forestier, maître fondeur, rue Saint-Germain-l'Auxerrois; J. B. Autrin, maître fondeur, argenteur et ciseleur sur métaux, rue Saint-Denis, etc. Tous ces réclamants étaient des collaborateurs plus ou moins directs de notre artiste. A ce titre, leurs noms méritent d'être conservés.

Ensuite nous voyons s'aligner les réclamations du cordonnier, du chandelier, du perruquier, et autres fournisseurs, et surtout celles de la fidèle servante du défunt, de Marguerite Froment, laquelle demandait d'être payée « par privilège à tous créanciers », de 1,440 livres qui lui étaient dues pour seize années de ses gages, et de 15 livres « prestées par elle aud. deffunt pour l'aider à subsister pendant sa dernière maladie »[1].

L'opposition formulée par cette servante achève de faire la lumière sur la situation financière de ce malheureux artisan. Le mobilier qui demeurait la ressource suprême de tous ces créanciers, et dont l'inventaire est parvenu jusqu'à nous, était plus que modeste, et ne dut pas, à beaucoup près, suffire à les désintéresser. Ajoutons que certains d'entre eux n'avaient pas attendu que l'heure dernière de leur infortuné débiteur fût sonnée pour faire valoir leurs droits et réclamer judiciairement le montant de leurs créances. Jacques Confesseur, maître fondeur, rue Taranne, l'avait fait poursuivre pour une somme de 203 livres, et, par une sentence rendue par les juges-consuls le 24 février 1744, Charles-André avait été condamné au paiement immédiat de cette créance, qu'il n'avait point encore acquittée au moment de sa mort.

1. *Nouvelles Archives de l'Art français. Scellés et Inventaires d'artistes*, t. V, p. 85.

GRANDE ARMOIRE DE BOULLE.

(Anciennes collections de *Hamilton Palace*.)

CHARLES-JOSEPH BOULLE

Enfin nous arrivons au dernier des quatre frères. Né le 29 août 1688, aux Galeries du Louvre, Charles-Joseph passa, on peut le dire, toute son existence dans ce logement que son père avait obtenu de la haute bienveillance de Colbert, et dont la survivance lui était acquise. Il fut le collaborateur assidu du grand André-Charles, assista à l'incendie de 1720; et le mémoire rédigé par Boulle nous apprend même, que ne pouvant dormir cette nuit, à cause de la chaleur, Charles-Joseph s'était promené entre une et deux heures du matin sur une terrasse dominant le chantier du sieur Marteau, sans rien apercevoir de suspect. En 1732, il signa l'acte mortuaire de son illustre père, prit en mains, conjointement avec son frère aîné, la direction des ateliers, et comme lui porta le titre d'Ébéniste, ciseleur et doreur du roi. Mais il ne paraît pas que sa vie ait été des plus exemplaires, ni que ses affaires aient mieux marché que celles de ses frères.

Deux ans s'étaient à peine écoulés, que de graves scandales commençaient à se produire. Le 15 août 1734, à la suite d'un charivari qui lui avait été servi par un nommé Paget, traiteur, demeurant rue Fromenteau et son créancier, — charivari qui avait mis tout le quartier en rumeur, — il s'était vu obligé de réclamer la protection du commissaire Louis Cadot. Il s'agissait, dans l'espèce, d'une créance de 20 livres 15 sols. Boulle refusait de payer, prétendant ne devoir que 18 livres, et Paget, après l'avoir traité de gueux, de fripon, de m....... de sa servante, avait ameuté tous ses voisins contre lui[1].

Un pareil début marque assez mal. Nous ignorons, toutefois, si ces scandales se renouvelèrent. Ce que nous savons, par exemple, c'est que vingt ans plus tard (19 juin 1754), lorsque Charles-Joseph décéda dans

1. *Bulletin de la Société de l'Histoire de l'Art français*, janvier 1877, p. 102.

ce logement qu'il n'avait pour ainsi dire jamais quitté, ses affaires étaient dans un état déplorable. Tous ses frères étaient morts avant lui, sans laisser de postérité. Aussi, parmi les parents qui intervinrent lors de l'apposition des scellés, ne voyons-nous figurer que des cousins germains. C'est, en effet, à la demande des trois enfants d'un certain Pierre Boulle, frère sans doute d'André-Charles, que le commissaire P. C. du Ruisseau vint accomplir son ministère. De ces trois héritiers, deux exerçaient des professions relevant du mobilier. L'aîné, Pierre, était ciseleur et demeurait rue Bordet, paroisse de Saint-Étienne-du-Mont; le second, Pierre-Thielmant[1], avait un atelier d'ébénisterie rue de la Marche, paroisse de Saint-Nicolas-des-Champs; enfin leur sœur, Jeanne-Catherine, était mariée à un domestique du nom de Jean Rougeux. Somme toute, c'étaient de petites gens, et bien peu fortunés.

Il est aussi question, dans le document que nous analysons, d'un autre cousin nommé Antoine-Nicolas Fréret, qualifié bourgeois de Paris. Un moment, ce parent se prétendit le seul héritier du défunt, mais, en présence du procès-verbal dressé par le commissaire P. C. du Ruisseau, il se garda d'insister, et disparut sans laisser son adresse. L'inventaire sommaire qui accompagna ce procès-verbal n'est, en effet, rien moins que brillant.

Les seuls meubles de quelque valeur qu'on y rencontre consistent en un clavecin et un orgue avec ses soufflets. Les murs, il est vrai, étaient garnis de nombreux tableaux sans cadres, mais ils furent réclamés par la dame Agnès-Françoise Houasse, veuve du sieur J. Benoist, qui les avait confiés au défunt, et qui, sans doute, les tenait de son père, R. A. Houasse, peintre et membre de l'Académie. Enfin, détail plus intéressant, la servante déclara que son maître avait sous-loué à l'ébéniste Oeben un appartement situé au-dessus de celui qu'il occupait lui-même, et que dans cet appartement se trouvaient plusieurs portraits, des motifs de sculpture, des outils, des ustensiles dépendant de la succession.

Oeben, interrogé, confirma cette déposition. Il reconnut, en outre, être débiteur, vis-à-vis du défunt, d'une somme de 125 livres pour un

1. Ce prénom a paru singulier à M. J. Guiffrey. « Il semble, écrit-il, en note (*Scellés et inventaires d'artistes*, 2e partie, p. 198), il semble difficile d'admettre que Tilmand soit un nom de baptême ». C'est en effet un nom de famille. On sait qu'André-Charles Boulle épousa Anne-Marie Leroux, or, celle-ci était fille de feu Henri Leroux et de Marie Tillemant. C'est sans doute cette dernière qui, marraine du fils de Pierre Boulle et ne pouvant lui donner son nom de Marie, lui aura octroyé celui de Tillemant.

terme échu; mais, par contre, il réclama le montant des frais funéraires et diverses sommes par lui prêtées pendant la dernière maladie. Un autre ébéniste, Louis-Simon Davaux, figure également parmi les créanciers de Charles-André. Du consentement général, Oeben fut chargé de la garde des effets du défunt jusqu'au jour de la vente.

De cet acte médiocrement intéressant, somme toute, une seule chose est à retenir, la constatation des relations longtemps ignorées du célèbre Oeben avec le dernier des Boulle. Ainsi se révèle la transmission de ces traditions précieuses, qui relient l'art mobilier du XVIIIe siècle, si aimable, si gracieux, à celui qui avait acquis, sous Louis XIV, un développement si magnifique.

Avec cette constatation, notre tâche prend fin. Le dernier représentant de cette dynastie laborieuse, dont nous avons entrepris de retracer l'histoire, est mort. Comme ses frères, il s'est éteint sans laisser de postérité; comme eux et comme son illustre père, il a dû lutter, pendant la meilleure part de sa vie, contre de continuels besoins d'argent. Enfin, toujours comme eux, il a connu, durant ses dernières années, la misère impitoyable et tenace. Cette persistance d'infortune, cette implacable fatalité qui pèsent sur une succession d'artistes si méritants, dont la France a plus d'une raison d'être fière, n'ont-elles pas quelque chose de navrant? Le douloureux étonnement qu'elles provoquent prend surtout un redoublement d'intensité dans le contraste troublant qu'on relève entre la détresse prématurée au milieu de laquelle se débattent ces malheureux artistes, et la splendeur, la magnificence, l'éclat sans pareils du mobilier auquel ils ont donné leur nom.

ESSAI DE BIBLIOGRAPHIE

Abecedario Pittorico du père Orlandi (1719).

Abecedario de P. J. Mariette, publié par Ph. de Chennevières et A. de Montaiglon. Paris, 1851-1853.

Le Cabinet de l'Amateur et de l'Antiquaire, t. IV, p. 31.

Archives de l'Art français, t. Ier, p. 201, 222, 224; t. IV, p. 321 et suiv.

Nouvelles Archives de l'Art français, année 1873, p. 67, 74, 128, 132.

Comptes des Bâtiments du roi, publiés par G. Guiffrey, t. Ier, col. 631, 701, 840, 1124, 1322, et t. II, col. 119, 253, 350, 391, 473, 567, 632, 730, 763, 829, 891, etc.

Dictionnaire de l'Ameublement et de la Décoration. (Article *Marqueterie*.)

Le Monde littéraire, 20 mars 1853. (Article de M. Ch. Asselineau.)

Bibliothèque de l'École des Chartes, IVe série, t. Ier, no de septembre-octobre 1854.

Dictionnaire critique de biographie et d'histoire, de Jal, p. 265.

Cabinet historique, par Louis Paris (1856), p. 175 à 188.

Le Duc d'Antin et Louis XIV, par J. Guiffrey, p. 18.

Le Livre-Journal de Lazare Duvaux, t. II, p. 170, 176, 184, 340, etc.

Moniteur universel du 11 janvier 1855. (Article de M. Paul Boiteau : *les Autographes de Louis XIV*.)

La Correspondance administrative de Louis XIV.

Paris ou la description succincte et néanmoins assez ample de cette grande ville, par l'abbé de Marolles. Paris, 1677.

Catalogue des marbres, bronzes, etc., composant le magasin de Julliot, marchand, rue Saint-Honoré. Paris, 1777.

Nouvelle Description historique de la ville de Paris et de ses environs, par Piganiol, de la Force (1765), t. V, p. 236.

Voyage de Paris, par Dargenville (1745), p. 137, 430.

Description de Paris, par Germain Brice.

Un Cas de contrainte par corps : André Boulle, ébéniste, par Jules Perin. Paris, 1867.

Le Livre commode, par A. Dupradel. Paris, 1691.

L'Ébéniste Boulle et l'origine de sa famille, lecture faite par M. Stein à la XIVe session des *Sociétés de Beaux-Arts des Départements*.

Catalogue de la vente de M. Le Brun (avril 1791).

Liste des élèves de l'ancienne École académique et de l'École des Beaux-Arts qui ont remporté les grands prix, par M. A. Duvivier.

TABLE DES GRAVURES

SANGUINE HORS TEXTE

FIN DE LA TABLE DES GRAVURES

TABLE DES MATIÈRES

FIN DE LA TABLE DES MATIÈRES

Paris. — Imp. de l'Art. E. Ménard et Cie, 41, rue de la Victoire.

www.ingramcontent.com/pod-product-compliance
Ingram Content Group UK Ltd.
Pitfield, Milton Keynes, MK11 3LW, UK
UKHW021103270726
13993UKWH00006B/835

9 782329 556321